Klaus Kießling
«Nützlich und notwendig»

Psychologisches Grundwissen
in Theologie und Praxis

Praktische Theologie im Dialog

24

Herausgegeben von Leo Karrer

Klaus Kießling

«Nützlich und notwendig»

Psychologisches Grundwissen in Theologie und Praxis

Universitätsverlag Freiburg Schweiz

Bibliografische Information Der Deutschen Bibliothek

Die Deutsche Bibliothek verzeichnet diese Publikation in der Deutschen Nationalbibliografie; detaillierte bibliografische Daten sind im Internet über http://dnb.ddb.de abrufbar.

Bildlegenden der Illustrationen Seite 23 und 36:

Paul Klee

wachstum regt sich, 1938, 78 (F 18)
33 / 32,4 × 48,7 cm
Kleisterfarbe auf Zeitungspapier mit Leimtupfen auf Karton
Privatbesitz, Schweiz

Eidola: weiland Pianist, 1940, 104 (U 4)
29,7 × 21 cm
Fettkreide, Marke Zulu, auf Konzeptpapier, Marke Biber, mit Leimtupfen auf Karton
Paul-Klee-Stiftung, Kunstmuseum Bern

Herausgegeben mit der Hilfe des Hochschulrates Freiburg Schweiz

Die Druckvorlagen der Textseiten
wurden vom Autor als reprofähige Vorlage
zur Verfügung gestellt

© 2002 by Universitätsverlag Freiburg Schweiz
Herstellung: Paulusdruckerei Freiburg Schweiz
ISBN 3-7278-1408-X
ISSN 1422-4410 (Prakt. Theol. Dialog)

Inhaltsverzeichnis

Vorwort

Dieses Buch möchte eine Einführung in zentrale Disziplinen des psychologischen Fächerkanons bieten. Theologinnen und Theologen, kirchliche Mitarbeiterinnen und Mitarbeiter sollen darin Orientierung finden, wenn in ihrem Studium, in ihrem Beruf und in anderen Lebensbereichen psychologische Fragen auftauchen.

Diese Absicht lag auch einer Vorlesung für Praktische Theologie zugrunde, die ich im Wintersemester 1998 / 1999 an der Universität Fribourg / Schweiz gehalten habe. Aus ihr sind große Stücke des Textes hervorgegangen, der nun vorliegt. Daß dies so gelingen konnte, verdanke ich Prof. Dr. Leo Karrer, der mich nicht nur beharrlich zur Erstellung dieses Bändchens aufforderte, sondern dieses auch in die von ihm herausgegebene Reihe „Praktische Theologie im Dialog" aufnahm.

Großzügige Druckkostenzuschüsse haben die Erzdiözese Freiburg i.Br., namentlich Weihbischof Prof. Dr. Paul Wehrle, und der Hochschulrat der Universität Fribourg gewährt. Beide Zusagen sind mir zugleich Zuspruch und freuen mich darum sehr.

Ebenso danke ich herzlich meinen Tübinger Mitarbeitern Stefan Fischer und Joachim Köhler für ihre kompetente Unterstützung bei der Erstellung der Druckvorlage.

Während der letzten Jahre habe ich, beginnend mit jener obengenannten Vorlesung, in Fribourg verschiedene Lehrveranstaltungen und Kurse angeboten, die mich mit Studierenden in Kontakt brachten, mit denen ich sehr gern gearbeitet habe. Ihnen widme ich dieses Buch.

Tübingen / Freiburg i.Br., im Oktober 2002   Klaus Kießling

0.   Eine Hinführung zum Thema

Nichts sei für einen Theologen nützlicher, nichts sei notwendiger als das Studium der Psychologie - dies vertrat der Würzburger Moral- und Pastoraltheologe Anton Joseph Roßhirt bereits vor über 200 Jahren[1]. Auch wenn diese These in ihrer Ausschließlichkeit gewiß strittig ist, so unterstreicht sie doch die Bedeutung psychologischer Disziplinen in (praktisch-) theologischen Zusammenhängen - und dies schon zu einer Zeit, als das Fach "Psychologie" noch gar keinen eigenständigen Kanon entwickelt hatte.

Mit dieser an Roßhirt und seine Position erinnernden Formulierung habe ich dieses Buch überschrieben. Ich habe diesen Titel gewählt, da er eine Erfahrung berührt, die ich während der letzten Jahre in vielfältigen Variationen immer wieder selbst sammeln konnte. Um meinen Leserinnen und Lesern vor Augen führen zu können, woran ich dabei denke, möchte ich gern mit einem kleinen Rückblick in meine eigene Biographie beginnen (0.1). Danach möchte ich meinen Blick auf multidisziplinäres Arbeiten (0.2) und damit nach vorn richten sowie in groben Zügen skizzieren, wie ich mir den Gang dieses Buches vorstelle (0.3). Daran wird sich dann - im Rahmen eines ersten Schrittes - ein inhaltlicher Einstieg anschließen.

0.1.   Mein eigener Weg zum Thema: ein biographischer Zugang

Viele Fragen haben mich bewegt, viele innere Kämpfe hat es mir verursacht, als ich vor bald zwanzig Jahren herauszufinden versuchte, welches Studium ich aufnehmen wollte und wie ich es organisieren könnte. Als ich dann - durch meinen katholischen Vater und meine evangelische Mutter geprägt, durch kirchliche Jugendarbeit und pfarrgemeindliches Engagement weiter inspiriert, durch meine Erfahrungen in der Pflege und Betreuung mehrfach behinderter sowie psychiatrisch auffälliger Kinder gestärkt - Theologie und Psychologie als mögliche Studienfächer auswählte, blieb die Frage, womit ich anfangen wollte, sofern mir die Umsetzung meiner Pläne formal glücken würde. Vielleicht erscheint es naiv, nach welchen Kriterien ich damals entschied. Ich beschloß, mit dem Studium der Theologie zu beginnen und - sofern möglich - Psychologie später hinzuzunehmen: erst Theologie - in der Hoffnung, diese würde meinen Horizont weiten, dann Psychologie - in der

---

[1] s. Johannes Stelzenberger, Anton Joseph Roßhirt. Eine Studie zur Moraltheologie der Aufklärungszeit, Breslau: Müller & Seiffert, 1937, 25.

Meinung, daß diese mich auf einen praktischen Beruf vorbereiten würde. Ich erinnere mich noch gut daran, wie aufregend ich es fand, als Theologiestudent erstmals eine Veranstaltung in Psychologie zu besuchen; sie fand am sogenannten Röntgenring an meinem ersten Studienort Würzburg statt. Auffällig war für mich, daß es dort - im Vergleich zur Theologischen Fakultät - viel bunter zuging, schon angesichts der Kleidung der Studierenden und Lehrenden, auch lauter, weniger andächtig, weniger diszipliniert; gearbeitet wurde in der Psychologie in ganz anderen Denkstrukturen, in einer ganz anderen Sprache, mit für mich recht neuen Herangehensweisen an Forschungsgegenstände, auch mit einem anderen Verständnis von dem, was Wissenschaft ist und sein soll, schließlich mit einem ganz unterschiedlichen Menschenbild: So habe ich Veranstaltungen zur theologischen Anthropologie besucht, in denen vom "*Geheimnis* Mensch" die Rede war, und zugleich physiologische Psychologie studiert - ein Fach, das sich der "*Biomaschine* Mensch" widmete. Geheimnis Mensch oder Biomaschine Mensch? Oder gar beides, etwa der Mensch als geheimnisvolle Biomaschine? Einerseits empfand ich es als faszinierend, daß ich so verschiedene Welten kennenlernen konnte, andererseits fiel es mir nicht immer leicht, meine eigene Gangart auf so unterschiedlichen, auf theologischen und auf psychologischen Wegen oder irgendwo dazwischen zu finden. Die Hoffnung auf neue Horizonte, die ich mit meinem Studium der Theologie verband, ging in Erfüllung; die Meinung, das Studium der Psychologie würde mich auf eine spätere praktische Arbeit vorbereiten, mußte ich jedoch revidieren. Ich erlebte die Vielfalt der Psychologie, die ich in diesem Buch gern aufblitzen lassen möchte, als sehr spannend, oft auch als spannungsreich, aber meine spätere praktische Arbeit hätte ich damit nicht bewältigen können. Dazu bedurfte es einer eigenen psychotherapeutischen sowie einer pastoralpsychologischen Ausbildung. Die letzten Jahre praktischer Arbeit mit suchenden und leidenden Jugendlichen und Erwachsenen, in psychologischer Beratung und Psychotherapie sowie in der katholischen Straffälligenhilfe, stärkten mich in der Überzeugung, daß psychologische Kenntnisse und - mehr noch - psychologische Kompetenzen unerläßlich sind für das Wirken praktischer Theologinnen und Theologen.

0.2.   Die Zeichen der Zeit: ein multidisziplinärer Zugang

Soweit mein biographischer Rückblick. Der Untertitel dieses Buchs kündigt psychologische Disziplinen in (praktisch-) theologischen Zusammenhängen an, nennt also zwei Studienfächer, Psychologie und Theologie. Zu meiner biographischen Motivation, mich mit diesen Fächern auseinanderzusetzen, tritt hinzu, was das Zweite Vatikanische Konzil "Zeichen der Zeit" nennt. So heißt es etwa in Artikel 4 der Pastoralkonstitution "Die Kirche in der Welt von heute": "Zur Erfüllung ... ihres Auftrags obliegt der Kirche allzeit die Pflicht, nach den Zeichen der Zeit zu forschen und sie im Licht des Evangeliums zu deuten."[2] Zu den Zeichen unserer Zeit zählt in der Welt der Wissenschaften gewiß die Multidisziplinarität: die Aufgabe, das Gespräch mit Disziplinen zu suchen, die dem je eigenen Fachbereich fremd sind, dabei allerdings auch das Risiko einzugehen, vielfältigen Mißverständnissen aufzusitzen, wenn beispielsweise identische Begriffe völlig Verschiedenes bezeichnen, und die Mühen nicht zu scheuen, diese Mißverständnisse - soweit überhaupt möglich - aus dem Weg zu räumen. Ein kleines Beispiel möge dies veranschaulichen: "Kontingenzen" etwa zielen in Theologie und Philosophie auf mögliche, jedoch nicht notwendige Zusammenhänge ab. Nach Auskunft des neu aufgelegten Lexikons für Theologie und Kirche findet das Attribut "kontingent" meist in der Weise Verwendung, daß "nicht nur die Notwendigkeit verneint, sondern zugleich auch die Möglichkeit bejaht wird. K.[ontingenz] besagt dann die beiderseitige Möglichkeit zu sein und nicht zu sein. K.[ontingenz] ist also etwas, das zugleich möglich u.[nd] nicht notwendig ist, das sein kann, aber nicht sein muß."[3] - Psychologische "Kontingenzen" hingegen spielen auf Zusammenhänge zwischen zwei Sachverhalten an, die gerade nicht bloß zufällig sind, denen vielmehr systematischer und vorhersagbarer Charakter im Sinne von "Wenn-Dann"-Beziehungen zukommt. So heißt es in einem stark verbreiteten Lexikon der Psychologie: "Der Begriff K.[ontingenz] weist auf die 'Wenn-Dann'-Beziehung zweier Ereignisse bzw. zweier in Erscheinung tretender Symptome ... . Zwischen Klient (z.B. Schüler) und Therapeut (z.B. Lehrer) wird eine Vereinbarung darüber getroffen, daß immer 'dann, wenn' der Klient ein bestimmtes Verhalten zeigt, der Therapeut mit einer bestimmten Art der Bekräftigung reagiert."[4]

Dieser exemplarische Hinweis auf die diametral entgegengesetzte Verwen-

---

[2] Gaudium et Spes Nr. 4, in: Karl Rahner & Herbert Vorgrimler, Kleines Konzilskompendium, 18. Auflage, Freiburg i.Br. - Basel - Wien: Herder, 1985, 451.
[3] Otto Muck, Kontingenz, Kontingenzerfahrung, in: Walter Kasper u.a. (Hrsg.), Lexikon für Theologie und Kirche, Bd. 6, 3. Auflage, Freiburg i.Br. - Basel - Rom - Wien: Herder, 1997, 329-330, 329.
[4] Willi Seitz, Kontingenz, in: Wilhelm Arnold, Hans J. Eysenck & Richard Meili (Hrsg.), Lexikon der Psychologie, Bd. 2, 2. Auflage, Freiburg i.Br. - Basel - Wien: Herder, 1987, 1134.

dung desselben Begriffs in unterschiedlichen Wissenschaftszweigen deutet an, daß in der Multidisziplinarität auch eine spezifisch theologische Herausforderung liegt, und zwar in doppelter Hinsicht. Zum einen spüre ich eine Herausforderung insofern, als Theologie nicht zu einem Elfenbeinturm verkommen darf, in dem das Klagelied über die Welt "draußen" erklingt, die theologischen Fragen immer mehr abgeneigt zu sein scheint - in "sicherem" Abstand zu dieser Welt, mit der in Kontakt zu treten auf den ersten Blick zu Problemen und Mißverständnissen führen kann, und dies nicht nur im Fall der Kontingenz; auf längere Sicht hin wirkt ein solcher Kontakt jedoch wohl für beide Seiten belebend. Zum anderen sehe ich eine spezifisch theologische Herausforderung insofern, als Multidisziplinarität gerade dem Selbstverständnis einer Theologie entspricht, die sich aus einem ganzen Schatz unterschiedlicher Disziplinen zusammensetzt, nämlich aus biblischen, historischen, philosophischen, pädagogischen, psychologischen, soziologischen, juristischen und anderen Fächern. Dieser faszinierende Reichtum wirft jedoch zuweilen Schatten, wenn wissenschaftliche Ansprüche und gesellschaftliche Relevanz nicht zusammenspielen, sondern einander behindern, indem verschiedene theologische Disziplinen gegeneinander ausgespielt zu werden drohen.

Ein multidisziplinäres Anliegen verbindet sich auch mit diesem Buch, sofern es *psychologischen* Disziplinen in *theologischen* Zusammenhängen gewidmet ist. Damit komme ich zu seiner Konzeption, wie ich sie geplant habe - aus Gründen, die ich im folgenden mitanführen werde.

0.3.   Ein Gang in drei Schritten

0.3.1.   Ein erster Schritt: Psychologische Disziplinen ...

Der Gang dieses Buches gestaltet sich in drei Schritten. Deren erster dient dem Ziel, seine Leserinnen und Leser als Theologinnen und Theologen mit zentralen *psychologischen Disziplinen* vertraut zu machen. Dies erscheint mir sinnvoll - insbesondere vor einem Hintergrund, der sich mit folgender Begebenheit zusammenfassen läßt, die sich vor wenigen Wochen während einer Tagung von Psychologinnen und Psychologen zutrug. Im Rahmen dieser Tagung stellte eine Malerin ihre Kunstwerke aus. Die Einführung in ihr Schaffen, die sie vor einer Gruppe interessierter Psychologinnen und Psychologen gab, leitete sie ein mit den folgenden Worten: "Es bereitet mir

14

schon etwas Angst, meine Bilder vor psychologischen Fachleuten zu zeigen, weil Sie daraus auf mein Unbewußtes schließen können." In der ernstgemeinten Äußerung der Künstlerin schwingt mit, daß psychologisch ausgebildete Menschen Fachleute für unbewußte Vorgänge seien. Dabei ist das Unbewußte eine psychoanalytische Kategorie; die von Sigmund Freud initiierte psychoanalytische Bewegung hat unsere Sprache und unsere Kultur stark geprägt - so sehr, daß viele Menschen Psychologie und Psychoanalyse für nahezu austauschbare Begriffe halten. Dabei weilte unter den zur Kunstausstellung versammelten Psychologinnen und Psychologen vielleicht keine einzige Psychoanalytikerin, kein einziger Psychoanalytiker. Den Leserinnen und Lesern möchte ich eine solche Verwechslung keineswegs unterstellen; jedoch steht diese Erfahrung für viele andere, die deutlich zeigen, daß wir uns von Disziplinen, die wir nicht von innen her kennen, Bilder entwickeln, die auf spärliche Quellen zurückgehen und darum oftmals ein ganz eigenartiges Gepräge aufweisen - ein Gepräge, das Angst auslöst (etwa im angeführten Beispiel der Künstlerin) und darum eine Abwehr hervorruft, die vielleicht unbegründet ist und einen multidisziplinären Dialog bedauerlicherweise vereitelt. Ich versuche so vorzugehen, daß ich aus dem Fächerkanon des Studienfachs Psychologie zentrale Disziplinen vorstelle, insbesondere diejenigen, die in theologischen Zusammenhängen eine Rolle spielen oder jedenfalls spielen können - meiner (und nicht nur meiner) Einschätzung nach. Dazu zählen insbesondere die Psychologie der Wahrnehmung, Entwicklungs-, Persönlichkeits- und Sozialpsychologie - sogenannte Grundlagendisziplinen - sowie Klinische Psychologie als die noch immer wichtigste unter den sogenannten Anwendungsdisziplinen. Zur Klinischen Psychologie zählen insbesondere die Praxisfelder Psychotherapie, Beratung und - in wachsendem Maße - Supervision.

0.3.2.   Ein zweiter Schritt: ... in (praktisch-) theologischen Zusammenhängen ...

In einem zweiten Schritt geht es darum, die Bedeutung dieser Disziplinen *in (praktisch-) theologischen Zusammenhängen* kennenzulernen. Dabei sollen vorrangig Pastoralpsychologie und Religionspsychologie zur Sprache kommen. Denn diese Disziplinen vermögen zu zeigen, wie es zu, wie ich meine, fruchtbaren Begegnungen zwischen Psychologie und Theologie kommen kann.

0.3.3.   Ein dritter Schritt: ... nach welchen Kriterien?

Angesichts des zweiten Schritts, der sich exemplarisch einigen Disziplinen "zwischen den Stühlen" der einschlägigen Wissenschaftsbereiche widmen wird, erhebt sich jedoch die Frage, wie ein multidisziplinärer Dialog entsteht und gelingt, der diesen Namen wirklich verdient. Auf welcher Basis kann sich ein Dialog tragfähig entwickeln, wenn die einen vom "Geheimnis Mensch" und die anderen von der "Biomaschine Mensch" sprechen? Mit der Verknüpfung der beiden Alternativen zur geheimnisvollen Biomaschine wollte ich mich schon während meines Studiums nicht anfreunden, denn eine Biomaschine erschien mir eher rätselhaft und weniger geheimnisvoll. Ein *Rätsel* läßt sich - im günstigsten Falle - lösen, ein *Geheimnis* aber läßt sich nicht auflösen, sondern - bestenfalls - respektieren. Der Mensch - ein Geheimnis mit eigener Würde oder doch eine rätselhafte Biomaschine? Und ist es überhaupt statthaft, von "dem" Menschen auszugehen? Jedenfalls genügt es nicht, theologischerseits lediglich den Geheimnischarakter eines jeden Menschen einzuklagen und die Diskussion um Biomaschinen als reduktionistisch beiseite zu legen. Auch erscheint es mir unredlich, aus einem Steinbruch psychologischen Wissens einfach diejenigen Brocken auszuwählen und in die Theologie einzuschleppen, die sich am leichtesten wegtragen lassen, und sich dabei auf die scheinbare Neutralität und Wertfreiheit psychologischer Erkenntnisse zu berufen - in meinen Augen ohnehin eine Schimäre. Vor diesem Hintergrund geht es im dritten Teil des Buchs um die folgenden Fragen: Unter welchen Bedingungen kann - angesichts eines Steinbruchs psychologischen Wissens - eine (praktisch-) theologische Rezeption psychologischer Erkenntnisse überhaupt erfolgen? Läßt sich das Menschenbild eines psychologischen Konzepts mit einer theologischen Anthropologie vereinbaren, konkret das Rätsel Biomaschine mit dem Geheimnis Mensch? Dieser dritte Schritt widmet sich also den möglichen *Kriterien* eines Dialogs, in welchem beide Seiten ihr Gesicht wahren können. Dies vermag zu gelingen, wenn die daran Beteiligten einerseits auf theologisch-psychologische Gemeinsamkeiten bauen und andererseits für vielleicht unüberbrückbare Differenzen wachsam sind, die redlicherweise keiner Harmonisierung zum Opfer fallen sollten. Mit anderen Worten: Die Suche nach Kriterien der Vereinbarkeit von Theologie und Psychologie soll einen Weg bahnen, der zwischen zwei Gräben hindurchführt, dem Graben einer simplen Vermischung unterschiedlicher Disziplinen einerseits und dem Graben der bequemen Trennung andererseits. Ich mühe mich darum zu zeigen, inwiefern mir die beiden skizzierten Gräben als falsche Alternativen, letztlich als unchristlich erscheinen, und welcher Weg sich dazwischen markieren oder jedenfalls weisen läßt.

Insgesamt kann und will die Lektüre dieses Buches kein psychologisches Studium und keine praktische Ausbildung in Psychotherapie, Beratung oder Seelsorge ersetzen. Was es, wie ich hoffe, vermag, woraufhin es sich jedenfalls ausrichtet, sind drei Ziele. Erstens möchte es Theologinnen und Theologen eine Orientierung anbieten, indem es einen Überblick über das breite Spektrum dessen schafft, was Psychologie meint. Zweitens möchte es seine Leserinnen und Leser vertraut machen mit Disziplinen, die in unterschiedlicher Gewichtung psychologisch und zugleich theologisch verankert sind. Schließlich möchte es drittens - im Sinne der angekündigten Suche nach Kriterien multidisziplinärer Arbeit - die Bedeutung und die Grenzen psychologischer Disziplinen in (praktisch-) theologischen Zusammenhängen skizzieren. Praktisch gewendet zielt das Buch darauf ab, Leserinnen und Leser zu stärken sowohl in ihrer *Sensibilität* für psychologische Fragen in praktischen Handlungsfeldern als auch in ihrer *Kritikfähigkeit* im theologischen Umgang mit psychologischen Disziplinen.

Nach dieser Einführung lade ich dazu ein, gemeinsam mit mir in die Auseinandersetzung mit den Inhalten dieses Buchs einzutreten. Der nachfolgende thematische Einstieg widmet sich dem "Bild-Erleben" und dem "Bilder-Leben" in Psychologie und Psychotherapie - mit dem Titel: "Vor den Bildern sterben die Wörter". Dieses Thema habe ich gewählt in der Hoffnung, daß Leserinnen und Leser auf diese Weise eine erste Bekanntschaft mit verschiedenen psychologischen Disziplinen schließen können. Danach werde ich die Disziplinen, die der Einstieg lediglich berührt, erneut aufgreifen und systematisch zu ordnen versuchen, damit nach einem ersten Einblick auch ein erster Überblick über die Vielfalt psychologischer Disziplinen entstehen kann.

1. Ein erster Schritt: Psychologische Disziplinen ...

1.1. "Vor den Bildern sterben die Wörter" -
Bild-er-leben in Psychologie und Psychotherapie

"Vor den Bildern sterben die Wörter"[5] - keine Wendung, die ich frei erfunden hätte, sondern ein Zitat aus Christa Wolfs Erzählung "Kassandra". Diese Formulierung wirft, jedenfalls in meinen Augen, ein bemerkenswertes Licht auf das Thema, dem ich mich im Rahmen dieses Buches eingangs widmen werde - ein bemerkenswertes Licht insofern, als es unsere Wörter, unsere Begriffe in ihre Schranken weist, obwohl diesen anderswo weitaus mehr Wertschätzung zukommt als etwa Bildern, also sinnlich Wahrnehmbarem, dem Gegenstand der *Wahrnehmungspsychologie*. Wenn es etwa um Möglichkeiten menschlicher Erkenntnis geht wie in den verschiedenen wissenschaftlichen Disziplinen, so sind wir auf Begriffe angewiesen. Begriffe lassen sich gegenseitig abgrenzen, erlauben wissenschaftliche "De-finitionen" und eine Präzision, die alles Wirkliche begrifflich faßbar, greifbar und begreifbar macht. Nach dem französischen Philosophen René Descartes (1596-1650) kann als wirklich, als wirklich wahr nur gelten, was "wir ganz klar und deutlich begreifen"[6]. Bildern hingegen kommt eine solche Präzision und Klarheit nicht zu. Vielmehr erscheinen sie vieldeutig, verbündet mit menschlichen Sinnen und wechselvollen Gefühlen, infiziert also mit einer Dosis zweifelhafter Konkretheit, die einem Ideal von abstrakter Gewißheit und wissenschaftlicher Erkenntnis diametral entgegensteht. Bilder sind demzufolge untauglich für Menschen, die um Erkenntnis und Wahrheit ringen.

Und dennoch, so jedenfalls Kassandra, sterben vor den Bildern die Wörter, sind Begriffe also weniger lebensfähig als Bilder. Auch die Psychologie - immerhin eine wissenschaftliche Disziplin - wäre in meinen Augen ohne Bilder gar nicht denkbar: ihr geht es um seelisches Wachstum, um Reifungsprozesse, um Gestaltung, um psychische Finsternis und Stimmungsaufhellung, um innere Bilder - etwa von Gewissens*bissen*, von Niederge*schlagen*heit, "De-pression", Hoffnungs- und Antriebslosigkeit, die sich auch physisch ausdrückt, womit ich erneut das schon erwähnte Fach *Physiologische Psychologie* streife. Es sind Bilder, die ich wiederaufnehmen möch-

---

[5] Christa Wolf, Kassandra. Erzählung, 5. Auflage, Berlin: Luchterhand, 1987, 26.
[6] René Descartes, Discours de la Méthode. Von der Methode des richtigen Vernunftgebrauchs und der wissenschaftlichen Forschung. Übersetzt und herausgegeben von Lüder Gäbe, Hamburg: Meiner, 1960, 55.

te - Bilder, die manchmal aussehen, "wie wenn eine Trockenzeit ausgebrochen ist und aus einem lebendig dahinströmenden Fluß ein Rinnsal von langsam dahinsickerndem Wasser hat werden lassen. Aus dem Flußbett ragen nun groß und unübersehbar die vom Flußwasser einst überdeckten Brocken von Komplexgestein heraus: Angst, Sorge, Schuld."[7]

Vielleicht genügt dieser exemplarische Einblick in eine Seelenfinsternis, um den Bilderreichtum und die Fragen anzudeuten, die sich in Psychologie und Psychotherapie auftun - drei Fragen, die ich im folgenden aufgreifen und umkreisen möchte:

1. Was ist überhaupt ein Bild, was ein Kunstwerk? Diese Frage werde ich philosophisch angehen. In diesem Horizont stellt sich die folgende, die zweite Frage:

2. Welche Rolle spielen Bilder im menschlichen Erleben? Welche Bilder leben in Psychologie und Psychotherapie?- Schließlich soll es zusammenfassend - und im Sinne einer ersten Brücke hin zur Theologie - um das Bilderverbot des Alten Testaments sowie um ein mögliches Bildergebot gehen:

3. Welche Bedeutung kommt dem Bilderver- und -gebot in den erörterten Zusammenhängen zu?

1.1.1.   "Wachstum regt sich" - Philosophie von Bild und Kunst

1.1.1.1.   Zwischen Abbild und schöpferischem Bild

Bei einem Bild denken wir zunächst meist an ein Abbild, etwa in der Werbung für ein bestimmtes Produkt, das in einer Zeitungsanzeige abgebildet ist. Ein solches Abbild ist nur in Rückbindung an dieses Produkt, an sein Urbild etwas; in seinem Gehalt ist es durch dieses Produkt bestimmt. Das Bild ist aber nicht das Produkt, nicht die Sache selbst, nicht die Wirklichkeit, sondern bildet diese lediglich ab. Es ist - im Beispiel der Werbung - nur der Hinweis auf das Gemeinte.

Erstaunlicherweise taucht das Wort "Bild" in unserer Sprache aber auch noch ganz anders auf - eben nicht als bloße Abbildung von etwas oder als Hinweis auf etwas Wirkliches, sondern seinerseits als in besonderer Weise verdichtete Wirklichkeit: Wir sprechen manchmal von einem "Bild von Frau" oder einem "Bild von Mann" und meinen damit keine Abbildung auf

---

[7] Rolf Steinhilper, Depression. Herausforderung an die Seelsorge, Stuttgart: Calwer, 1990, 14f.

Papier, schon gar keinen Pappkameraden, sondern - ganz im Gegenteil - einen wirklichen Mann oder diese Frau selbst, von der eine besondere Ausstrahlung ausgeht, die uns in ihren Bann zieht. Oder denken wir an einen Bergsteiger, der sich unterwegs umschaut und ins Schwärmen kommt angesichts dieses Landschafts*bildes*, angesichts dieses *bild*schönen Gebirges selbst. Dessen Bildhaftigkeit hängt an seiner Eindrücklichkeit, an der stark verdichteten Wirklichkeit und Wirkkraft dieses Gebirges auf den Bergsteiger.- Wir kennen auch Situationen, die eine groteske Wirkung auf uns ausüben, und nennen sie "ein Bild für die Götter".

"Bild" kann also zweierlei heißen: zum einen das bloße Abbild, die Wiedergabe, bestenfalls Doppelung der Sache selbst, zum anderen aber eine Wirklichkeit, die uns besonders intensiv anspricht, anrührt und berührt.

Ich versuche, diese Zwiespältigkeit des Bildes weiter auszumalen. Einerseits fungiert ein Bild im Sinne eines Abbilds als Mittel zu einem Zweck; es verliert seine Funktion, sobald der Zweck erfüllt, etwa das Produkt gekauft ist. Das Abbild zielt gewissermaßen auf seine Selbstaufhebung. Andererseits ist das Bild selbst das Gemeinte, sei es das bildschöne Gebirge, sei es das "Bild von Mann" oder das "Bild von Frau". Auf diese Seite gehören aber nicht allein wirkliche Landschaften, wirkliche Personen, sondern auch Bilder, die sich nicht in ihrer Abbildhaftigkeit erschöpfen. Solche Bilder verweisen nicht von sich weg, sie konstituieren vielmehr einen Eigengehalt, sie *bilden* eine ihnen eigene Wirklichkeit aus. Sie sind nicht bloßer Schein, der auf wirkliches Sein fortverweist. Wenn das im Bild Dargestellte nicht zu einem bloßen Abbild, zu einem dem Original hinterherhinkenden Double verkommt, sondern durch schöpferische Selbstgestaltung aufwartet, so kann etwas wirklich Neues entstehen, das Dargestellte durch seine Darstellung gleichsam einen Seinszuwachs erfahren, wie der Philosoph Hans-Georg Gadamer[8] sagen würde, also einen ontologischen Gewinn verzeichnen.

Abbilder sind Begriffen ähnlich, sofern sie Wirkliches reduzieren, handhabbar, greifbar und begreifbar, verfügbar machen wollen, ganz im Sinne einer an Descartes orientierten Philosophie und ihrer neuzeitlichen Wirkungsgeschichte, deren langer Arm bis in die heutige Psychologie hinein reicht[9], insbesondere in den Bereich der *Methodenlehre*, der ein eigenes psychologi-

---

[8] s. Hans-Georg Gadamer, Wahrheit und Methode. Grundzüge einer philosophischen Hermeneutik (Gesammelte Werke; Bd. 1), 6. Auflage, Tübingen: Mohr, 1990, 145.
[9] s. Klaus Kießling, Psychotherapie - ein chaotischer Prozeß? Unterwegs zu einer postcartesianischen Psychologie, Stuttgart: Radius, 1998.

sches Fach umreißt. Dieser Wirkungsgeschichte zufolge wird der Mensch als Subjekt zu einer alles andere dominierenden Bezugsmitte, auf die alles Seiende hingeordnet ist, und zwar dergestalt, daß zwischen dem Subjekt und dem, was ihm begegnet oder jedenfalls begegnen könnte, kein wechselseitiges Miteinander entsteht. Vielmehr gerät das auf das Subjekt Bezogene in die Position eines dem Subjekt unterworfenen Objekts, d.h. in die Lage eines verfügbaren Abbilds. Das alles beherrschende neuzeitliche Subjekt läßt sich also dadurch charakterisieren, daß es einseitig über das, was ihm begegnet, bestimmt, es sich aneignet, zu begreifen und auf den Begriff zu bringen versucht. Solches Unterordnen oder Einverleiben läßt keinen Raum für Anderes oder Neues, für den Eigengehalt von schöpferischen Bildern. Wirklichkeits*bildende* Bilder lassen sich jedoch nicht ohne Schaden auf ihre Verwertbarkeit und Käuflichkeit zurückstutzen, sondern sprengen gleichsam den Rahmen, in welchem sie sich finden, indem sie Menschen anzusprechen, zu berühren, ja zu überwältigen vermögen, also Resonanz auslösen, zum Schwingen bringen können. Solche Bilder sind entgrenzend, überschreiten das in bloßen Abbildern und Begriffen Faßbare, ermöglichen eine wechselseitige Begegnung von Mensch und Bild. Dieses Moment einer Begegnung möchte ich anschaulich werden lassen durch meine Einladung, vor einem *Kunstwerk* zu *verweilen*, mit diesem eine Weile zu verbringen.

1.1.1.2. "Spiel" eines Kunstwerkes

Was ist ein Kunstwerk? Zunächst ein Werk, das durch Kunst bestimmt wird - aber was heißt Kunst? Bei den alten Griechen heißt Kunst "Techne". Techne bezeichnet aber keine technische Fertigkeit, sondern ein Hervorbringen[10].

Und was meint "verweilen"? Unser Verweilen ist kein Stehen *vor* dem Werk, das uns ganz äußerlich bliebe. Verweilen ist ein Sichhineinnehmenlassen *in* das, was sich im Werk lichtet, was uns anregt, reizt, anspricht und unseren Zuspruch findet. In dieser Begegnung von Mensch und Werk, Mensch und Bild sind sie ein Gespräch.

"Wachstum regt sich" - wie können wir einen Zugang zu diesem Kunstwerk von Paul Klee finden, wie geht es uns an? In welcher Weise ist es ein Hervorbringen? Bei einem bloßen Abbild könnten wir uns wohl darauf einigen, worauf es hinweist, was es abbildet - und diesem Abbild wäre Genüge ge-

---

[10] s. Paul Klee, Wachstum regt sich. Klees Zwiesprache mit der Natur. Herausgegeben von Ernst-Gerhard Güse, 2. Auflage, München: Prestel, 1990, 225.

tan. Paul Klee aber zeichnet seinem Kunstwerk einen Eigengehalt ein, ist schöpferischer Gestalter eines so sich bildenden Bildes, das nichts abbildet, sondern sich einem Betrachter, einer Betrachterin auf je eigene Weise einbildet. So kann ich nur davon sprechen, wie ich selbst Zugang zu diesem Bild finde, wie es *mich* angeht. Da sehe ich Zeichen, ungegenständliche Formbildungen, die in meinen Augen Bäume, Zweige, Früchte andeuten. Schon der Titel "Wachstum regt sich" gibt mir einen Wink - etwas regt sich, die Komposition wirkt auf mich nicht statisch, sondern bewegt, auch bewegend, denn etwas regt sich nicht nur im Bild, sondern auch in mir. Während der weiße Untergrund vielleicht an Schnee denken läßt, entläßt das im Bild Vordergründige Neues, Bewegung, ein Spiel neu erwachender Kräfte, ein Spiel, das den Lauf der Jahreszeiten, den Lauf der Welt andeutet, ein Weltspiel, in das wir hineingenommen sind, in dem sich Welt ereignet, aber auch wieder entzieht. Denn: kaum versuche ich, eines der Zeichen, eine der Früchte zu fassen, zerrinnt mir das Zeichen, die Frucht zwischen den Fingern. Ich erfahre mit diesem Bild, daß ich nicht einfach in es eintreten, etwas in den Griff bekommen und besitzen kann. Von mir wird verlangt, daß ich in eine offene Haltung finde, nichts in Besitz nehmen will und vielmehr *mich* vom Geschehen des Bildes ergreifen lasse.

Dieses Geschehen spielt sich mir zu - in dieser Weise kann ich mich auf das Spiel eines Kunstwerks einlassen und mich in sein Spiel fügen. Spiel meint nicht, daß da einerseits ein Spieler wäre, der das Bild schafft oder betrachtend genießt, und andererseits ein Bild, das Gefahr liefe, zum bloßen Spielball dieses Spielers zu verkommen. Vielmehr meint das Spiel im Sinne Gadamers "die Seinsweise des Kunstwerkes selbst"[11], in welchem die Bewegung des Hin und Her ganz zentral ist und es keine Rolle spielt, wer diese Bewegung ausführt. Auch bei einem Farbenspiel etwa denken wir ja nicht an eine einzelne Farbe, die in eine andere hineingreift, sondern wir meinen vorrangig das Zusammenspiel, den einheitlichen Vorgang, das Wechselspiel, in dem sich eine Mannigfaltigkeit von Farben zeigt. Im Spiel wird das Geschehen des Bildes wirklich zu einem Hervorbringen. Es tut sich ein Spielraum auf, der am Rahmen des Bildes nicht halt macht, ein Zwischenreich zwischen Bild und Betrachtenden, das von diesem Spiel erfüllt wird, so daß - angesichts des Kunstwerkes von Paul Klee - auch in uns Wachstum sich regen mag.

Wachstum - ein Bild, das auch in Psychologie und Psychotherapie eine wichtige Rolle spielt, wie ich einleitend andeutete: welcher suchende, wel-

---

[11] Gadamer, a.a.O., 107.

cher leidende Mensch hofft nicht darauf, daß seelisches Wachstum sich in ihm regt? Damit leite ich über von dem stärker philosophischen zu dem mehr psychologischen Teil meiner Hinführung zu unserem Thema.

1.1.2. "Vor den Bildern sterben die Wörter" - Bild-er-leben in Psychologie und Psychotherapie

1.1.2.1. Gestaltpsychologie

Ich knüpfe an Paul Klee an, der sich wie folgt äußert: "Das bildnerische Werk entstand aus der Bewegung, ist selber festgelegte Bewegung und wird aufgenommen in der Bewegung (Augenmuskeln)."[12] Damit widerspricht Klee der Auffassung, Wahrnehmung bilde weitgehend rezeptiv in einer "Innenwelt" ab, was in einer "Außenwelt" vor sich gehe. Was wir sehen oder hören, nehmen wir wahr, dessen werden wir gewahr, das halten wir für wahr. Wahrnehmung ist kein passiver, sondern ein aktiver Prozeß, in dem Wahrnehmen und Bewegen zusammenspielen. Klees Äußerung trifft sich darin mit Erkenntnissen der Wahrnehmungsforschung, insbesondere im Rahmen der Gestaltpsychologie[13].

Diese wurde in den zwanziger Jahren dieses Jahrhunderts von Wolfgang Köhler, Kurt Koffka und Max Wertheimer begründet. Was meinen sie mit dem Begriff der Gestalt?

Die Denkpsychologie der Würzburger Schule wandte sich gegen einen Assoziationismus, der alles durch mechanische Assoziationen zwischen bestehenden Elementen zu erklären suchte, und führte den Strukturbegriff in die Psychologie ein. Denn in unserer Wahrnehmung ist mehr und anderes gegeben, als aus physikalischen Einzelreizen bzw. aus der Summe der zugehörigen Empfindungen resultiert.

Konkret: Eine Melodie erweist sich nicht als Summe ihrer Elemente, d.h. ihrer Töne; sie ist auch nach einer Transposition der Töne als dieselbe zu erkennen. Was die Musik zur Musik macht, ist die Struktur der Tonreihe, ihre "Gestalt". Die menschliche Wahrnehmung folgt nach den Erkenntnissen der Gestaltpsychologie verschiedenen Gestaltgesetzen und läßt sich be-

---

[12] Paul Klee, Wachstum regt sich. Klees Zwiesprache mit der Natur. Herausgegeben von Ernst-Gerhard Güse, 2. Auflage, München: Prestel, 1990, 224.

[13] s. Wolfgang Metzger, Gestalt-Psychologie. Ausgewählte Werke aus den Jahren 1950 bis 1982. Herausgegeben und eingeleitet von Michael Stadler und Heinrich Crabus, Frankfurt am Main: Kramer, 1986.

schreiben als ein sich selbst organisierender Prozeß. Ich führe exemplarisch einige Gestaltgesetze an.

Das *Gesetz von Figur und Grund* verweist darauf, daß das Auge jedes Bild in eine im Vordergrund deutlich zu erkennende Figur und in einen diffusen Hintergrund aufteilt. Das menschliche Wahrnehmen ist ein selektives. So treten die Zeichen in Klees Kunstwerk "Wachstum regt sich" deutlich in den Vordergrund, während der Hintergrund - ursprünglich ein Zeitungsblatt - weiß übermalt, gleichsam schneebedeckt zurückhaltend bleibt.

Das *Gesetz der Nähe* faßt benachbarte, nicht jedoch voneinander entfernte Linien zu einer gemeinsamen Figur zusammen. In der linken Abbildung entdeckt das Auge ein Kreuz mit schmalen Balken, nicht dasjenige mit breiten Balken in der rechten Abbildung. Letzteres verdeutlicht das *Gesetz der Umschlossenheit*, denn umschließende Linien bilden relativ leicht eine Figur. Das *Gesetz der Prägnanz* verweist darauf, daß besonders deutlich konturierte Gestalten als Figuren wahrgenommen werden, wie nach dem *Gesetz der Erfahrung* dem Menschen vertraute Wahrnehmungsgestalten geradezu "ins Auge springen".

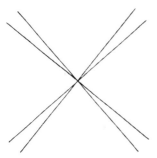 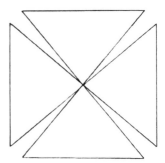

Die Organisation unserer Wahrnehmung hängt stark von unseren Vorerfahrungen ab, wie eine einfache Untersuchung[14] belegt.

---

[14] s. Günter Schiepek & Wolfgang Tschacher, Application of Synergetics to Clinical Psychology, in: Wolfgang Tschacher, Günter Schiepek & Ewald J. Brunner (Hrsg.), Self-Organization and Clinical Psychology. Empirical Approaches to Synergetics in Psychology (Springer Series in Synergetics; Bd. 58), Berlin - Heidelberg - New York: Springer, 1992, 3-31, 9.

Wenn wir im Bild links das Gesicht eines Mannes sehen und mit unseren Augen dann die Reihe von links nach rechts passieren, so werden wir lange an dieser Wahrnehmung, es handle sich um ein Gesicht, festhalten, bis wir im Laufe der Serie eine Frau erkennen werden. Analoges gilt in umgekehrter Vorgehensweise: Würden wir die Reihe zuerst von rechts nach links lesen, so würden wir die rechts erkannte Frauengestalt häufig wiederentdecken, bevor wir das Bild als männliches Gesicht sehen.- Während also die Bilder an den Enden dieser Reihe klar zu erkennen sind, nehmen wir im mittleren Bereich ein männliches Gesicht oder eine weibliche Gestalt wahr - je nachdem, aus welcher Richtung wir kommen, je nach unserem ersten Eindruck also.- Wir tragen in unserem Wahrnehmen Vorurteile mit uns, Vor-Urteile, die nicht als solche falsch sind, die wir zur Strukturierung unserer Wahrnehmung sogar brauchen, die wir aber immer wieder überprüfen sollten, soweit uns dies möglich ist.

Daß ein und dasselbe Bild ganz unterschiedliche Wahrnehmungen zuläßt, zeigt diese Figur.

Manche werden dieses Reizmuster als Pokal oder Vase sehen, andere werden zwei Gesichtsprofile entdecken. Es handelt sich um eine sogenannte Kippfigur, die das Bild bzw. unsere Wahrnehmung kippen kann, so daß wir entweder den Pokal oder die beiden Profile entdecken können, nicht aber beide Gestalten zugleich. Auch dieses Phänomen unterstreicht den aktiven Charakter unseres menschlichen Wahrnehmens, da wir dasselbe Bild verschieden zu sehen vermögen.

Schließlich bringen wir die folgende Konfiguration[15] vielleicht mit der Form eines Hutes in Verbindung.

Eine solche Wahrnehmung ist unserer alltäglichen Erfahrung nahe - ganz anders aber ergeht es dem Kleinen Prinzen von Antoine de Saint-Exupéry, der auf diese Weise eine Riesenschlange zeichnete, welche einen Elefanten verschlungen hatte[16].

---

[15] s. Antoine de Saint-Exupéry, Der Kleine Prinz, in: ders., Gesammelte Schriften, Bd. 1, Düsseldorf: Rauch, 1959, 489-579, 493.
[16] s. de Saint-Exupéry, a.a.O., 494.

1.1.2.2. Psychotherapie

Arbeit mit Bildvorlagen

Differentielle Wahrnehmungsorganisation spielt auch in psychotherapeutischen Prozessen eine wichtige Rolle, etwa im Rahmen psychologischer *Diagnostik*. Psychodiagnostik gehört ebenso wie *Psychotherapie* zu den Fächern der *Klinischen Psychologie*, denen ich mich an späterer Stelle noch ausführlich widmen werde. Der sogenannte "Thematische Apperzeptionstest" (TAT)[17] konfrontiert mit einer Reihe von Bildern, die jeweils eine vieldeutige Situation zeigen, vieldeutig in dem Sinn, daß das Geschehen sich aus dem Bild nicht mit Bestimmtheit erschließen läßt[18].

---

[17] Henry A. Murray, Thematic Apperception Test, Cambridge (Massachusetts): Harvard University Press, 1943.
[18] s. Murray, a.a.O., Karte 1.

Einer zu untersuchenden Person kommt die Aufgabe zu, angesichts eines vorgelegten Bildes die je eigene Phantasie ins Spiel zu bringen, indem sie sich den folgenden Fragen stellt und daraus eine spannende oder gar dramatische Geschichte entwickelt: Was ist mit dem Menschen, der im Bild zu sehen ist, geschehen? Welche sind seine gegenwärtigen Gedanken und Gefühle?- Mit diesem Verfahren verbindet sich die Annahme, daß eine Testperson in die von ihr erzählte Geschichte ihre eigenen Bedürfnisse, ihre motivationalen Neigungen einfließen läßt. Die Vieldeutigkeit der Bildsituation gibt ihr dazu den erforderlichen Freiraum. Zu welch unterschiedlichen Geschichten dasselbe Bild anzuregen vermag, zeigt die Gegenüberstellung der Erzählungen zweier 16jähriger Jungen[19]: Ein Setzerlehrling erzählt, der Junge würde zum Spielen der Geige gezwungen und überlege, wie er das Instrument kaputt machen könne. Ein in Fürsorgeerziehung befindlicher Volksschüler hingegen meint, der Junge liebe und vergöttere die Geige, sie sei sein Lebensinhalt; später wolle er in ein Orchester kommen. Wie (unterschiedlich) die beiden Heranwachsenden die Bildsituation schildern, hängt von ihrer eigenen Situation und Gestimmtheit ab. Das Bild läßt beide Möglichkeiten offen. Die aus einer Reihe von Bildern resultierenden Erzählungen erlauben immer wieder Rückschlüsse auf das Erleben der Testperson.

Imaginationstherapie

Doch es sind nicht nur an Menschen herangetragene Bilder - wie etwa die Darstellung des Jungen mit der Geige -, die eine seelische Bewegung auslösen oder verzeichnen, sondern ganz häufig sogenannte "innere Bilder", wie wir sie aus Träumen kennen. Dabei spielen nicht nur nächtliche, sondern auch Wachträume eine psychologisch wichtige Rolle, dies in ausdrücklicher Weise in der Imaginationstherapie[20]. Eine Imaginationsübung beginnt mit der Entwicklung eines inneren Bildes anhand eines vorgegebenen Begriffs, dessen Inhalt uns vertraut ist. Durch Konzentration auf dieses Bild wird es bei geschlossenen Augen möglich, dieses Bild, seine Veränderungen und seinen Fluß wahrzunehmen. Eine Entspannungsübung vorweg kann die Lebendigkeit, die emotionale Intensität innerer Bilder fördern. Es gibt Menschen, die während einer solchen Übung sprechen, was dem therapeutischen

---

[19] s. Wilhelm J. Revers u.a., Der Thematische Apperzeptionstest (TAT). Handbuch zur Verwendung des TAT in der psychologischen Persönlichkeitsdiagnostik, 2. Auflage, Bern - Stuttgart: Huber, 1968, 23f.
[20] s. Verena Kast, Imagination als Raum der Freiheit. Dialog zwischen Ich und Unbewußtem, München: Deutscher Taschenbuch-Verlag, 1995.

Begleiter, der therapeutischen Begleiterin die Chance gibt, diesen Fluß innerer Bilder hilfreich zu stützen. Anderen Menschen fällt es - verständlicherweise - schwer, diese Bilder in Wörter zu übersetzen - sowohl während des Imaginierens als auch rückblickend. Denn Bilder erweitern den Raum unserer Begriffssprache, und das erneute Engführen von Bildern auf Wörter, das Begreifenwollen von Bildhaftem tut diesem Gewalt an. Unter solchem Eindruck ziehen es Menschen vor, ihre inneren Bilder zu malen, ihre Eindrücke auszudrücken, indem sie etwa ein Bild der Niedergeschlagenheit aus sich herausbilden, um in der Weise des Malens aus *Nieder*drückendem *Aus*zudrückendes, aus *D*epression *E*xpression werden zu lassen.

Solche Übungen, solches Arbeiten mit Bildern erscheint mir besonders wichtig für Menschen, die einen Zugang zu ihrer eigenen Gefühlswelt suchen, die gleichsam mit sich selbst in Kontakt treten, in Berührung kommen möchten.

In diesem Zusammenhang fallen mir zwei Menschen ein. Da ist zum einen ein Jugendlicher, der leidenschaftlich gern kunstvoll gestaltete Bilder malte, jedoch im Prozeß einer schleichend beginnenden Schizophrenie seine Sprache verlor, wirklich stumm wurde und dessen Bilder immer eintöniger wurden, bis er schließlich nur noch schwarze Wachsmalkreide auf weißem Papier wählte. Vor den Bildern sterben die Wörter. Dieses schmerzliche Bild des Abgezogenwerdens aus einem vormals bunten Leben, genau dieses Bild, das er selbst abgab, zeichnete er auf Papier, brachte er selbst ins Bild. Erst durch einen mehrjährigen stationären Aufenthalt in einer jugendpsychiatrischen Einrichtung wurde ihm eine Linderung seines Leidens zuteil.

Da ist zum anderen ein Mann, der mir gleich zu Beginn seiner Psychotherapie eröffnete: "Ich weiß ja noch nicht, was für Arbeitstechniken Sie anwenden, aber mit Malen brauchen Sie es bei mir gar nicht erst zu versuchen. So leicht gibt es nämlich keinen Zugang zu meinem Seelenleben." Spannend fand ich, daß er - obwohl diese Äußerung ins Negative gewendet war - von Anfang an einen Zusammenhang annahm zwischen Malen und seinem "Seelenleben". Damit setzte ein auch für mich eindrücklicher Prozeß ein. Irgendwann begann er zwischen unseren Sitzungen zuhause zu malen, und eines Tages brachte er seine Bilder mit, so daß wir gemeinsam damit arbeiten konnten.

Ein verbreitetes imaginatives Tagtraumverfahren ist das sogenannte "Katathyme Bilderleben" nach Hansjörg Leuner[21]. Das Attribut "katathym" leitet sich aus dem Griechischen ab und heißt übersetzt etwa "dem Gemüt gemäß", "aus der Gefühlswelt kommend". Das Verfahren ruht auf der menschlichen Fähigkeit zu bildern, bildhaft vor dem inneren Auge wahrzunehmen, was an Bedürfnissen und Spannungen, Hoffnungen und Ängsten zur Gestaltung drängt.

Einleiten läßt sich das Katathyme Bilderleben durch das Angebot ganz schlichter Bildmotive, etwa einer Wiese, eines Berges oder eines Hauses. Solche Bilder lassen sich kreativ ausfalten, können in einen Fluß von Veränderungen eintreten - einfach von sich aus oder auch durch Impulse eines Begleiters, einer Begleiterin. Ich wähle exemplarisch das Motiv des Hauses, von dem ein Mensch meist recht leicht ein inneres Bild entwickelt. Anregungen dazu könnten Fragen etwa dieser Art sein:

"Gehen Sie um das Haus herum, schauen Sie es sich genau an. Ist es ein großes Haus? Wie alt könnte es sein? In welchem Gelände steht es?"

"Gehen Sie in ein Zimmer hinein. Wie sieht es aus? Können Sie einen bestimmten Geruch wahrnehmen? Sind da Geräusche, Töne, Stimmen zu vernehmen? Treffen Sie jemanden? Begegnet Ihnen etwas, was Sie gerade anspricht?"

"Verlassen Sie das Zimmer und das Haus wieder. Überlegen Sie einmal, was und wo Sie gern umbauen würden. Bauen Sie um.- Wenn Sie damit fertig sind, schauen Sie sich den Umbau nochmals an, und verabschieden Sie sich wieder von diesem Haus. Kommen Sie nun langsam hierher zurück."-

Das Motiv des Hauses habe ich gewählt, weil es ein sehr sprechendes Bild ist - schon angesichts der Wendung Sigmund Freuds, der Mensch sei nicht Herr im eigenen Haus[22]. Auf den bereits genannten Sigmund Freud, der die psychoanalytische Bewegung begründete, komme ich zurück.- Wenn wir einen guten Freund treffen, sagen wir manchmal: "Hallo, du altes Haus!" oder wir formulieren, wenn uns an einem Menschen eine Merkwürdigkeit auffällt: "Bei dem stimmt 'was nicht im Oberstübchen" bzw. "Bei dem kracht's im Gebälk". Ein anderes Bild ist der Hausherr, der etwas Ehrenrühriges verheimlicht und, wie eine Redewendung sagt, "noch einige Leichen

---

[21] s. Hansjörg Leuner, Lehrbuch des Katathymen Bilderlebens, Bern: Huber, 1985.

[22] s. Sigmund Freud, Vorlesungen zur Einführung in die Psychoanalyse und Neue Folge der Vorlesungen zur Einführung in die Psychoanalyse (Studienausgabe; Bd. 1), 12. Auflage, Frankfurt am Main: Fischer, 1994, 284.

im Keller hat". Bei solchen Bildern kann es für die betreffende Person sehr spannend und aufschlußreich sein zu klären, welches Haus als inneres Haus auftaucht: vielleicht das Haus meiner Kindheit, vielleicht aber ein Haus, das überhaupt nur in meinem Imaginationsraum existiert? Im Umgang mit Bildern können vor lauter Seh-Sucht die vielfältigen anderen menschlichen Sinne in Vergessenheit geraten - darum frage ich nicht nur nach Sichtbarem, sondern auch nach Hörbarem, nach Gerüchen. Denn je mehr Sinnesmodalitäten der Wahrnehmung zum Vorschein kommen, desto lebendiger gestaltet sich dieses Bild.- Entspricht das Haus nach seinem Umbau unseren Wünschen mehr als vorher? Die Möglichkeit einer Umgestaltung kann die Erfahrung vermitteln, daß wir an Bilder nicht gefesselt sind, sondern imstande sind, zu deren Veränderung beizutragen.

Ich denke an einen Mann, der sich in seinem Zuhause immer einen Platz suchte, von dem aus er alles überblicken und möglichst rasch die Flucht ergreifen konnte. Am Abgang ins Untergeschoß befand sich eine verschließbare Tür. Sein imaginierter Umbau führte zum Einsatz einer zweiten Tür, so daß Keller und Erdgeschoß durch eine Doppeltür voneinander abgetrennt waren. Ergänzt wurde dieses Bild durch einen zusätzlichen Boden, den er zwischen beiden Ebenen einziehen ließ. Im Nachgespräch zu dieser Übung sprach er von seiner großen Furcht vor dem, was da alles in seinem Keller wütete und von dort hochsteigen könnte, so daß er sich dagegen abschotten mußte. Er litt an Panikattacken, die ihm gleichsam den Boden unter seinen Füßen wegzogen, und war in großer Not.-

Phänomenologische Psychotherapie

Bilder verarmen, das Leben von Bildern wird gestört oder gar zerstört, wenn wir sie begreifen wollen. Auch vorgefertigte Deutemuster engen Bilder ein, lassen ihnen nicht den ihnen gebührenden Freiraum, sondern versuchen die Ambivalenz eines Bildes auf eine *ein*deutige Deutung festzulegen und den Reichtum an Bezügen, der sich in einem Bild auftut, auf einliniges Denken zu reduzieren. Für Bilder kann es keine Wörterbücher geben, die präzise Auskunft erteilen, welche Bedeutung welchem Bild zukommt. Vielmehr kommt es darauf an, sprechenden Bildern zu gestatten, wirklich für sich selbst zu sprechen. Dies kann gelingen, wenn das Bild in der Welt zur Sprache kommt, in der es zuhause ist, in der Welt des Menschen nämlich, der dieses Bild hervorbrachte. Der therapeutische Umgang mit Bildern ist ein phänomenologischer, sofern diese nicht vorgeprägten Deutekategorien zum Opfer fallen, sondern als Phänomene in der Welt *dieses* Menschen in Erscheinung treten. Diese Vorgehensweise läßt sich ihrerseits in einem Bild andeuten.

Wenn ich das Haus eines mir zunächst fremden Menschen betrete, bin ich in diesem Haus Gast. Als Gast verhalte ich mich anders denn als Eigentümer. Ich betrete nur die Räume, in die mir Einlaß gewährt wird, stoße keine Türen auf, akzeptiere Intimräume, in denen ich nichts zu suchen habe. Solche Grenzen werde ich nur überschreiten, wenn mir etwa der Geruch von Angebranntem in die Nase steigt oder ich irgendwo einen Brandherd ausmachen kann. Phänomenologische Psychotherapie beachtet diesen Status des Therapeuten, der Therapeutin als Gast, versteht zu intervenieren, wenn es brennt, und ist bereit, mit dem Eigentümer auf seinen Wunsch hin Zimmer aufzuschließen und diesen in Räume zu begleiten, in die er allein nicht zu gehen wagt.- So stoße ich nicht die zweifach eingezogene und verriegelte Tür in den Keller eines Patienten auf. Vielmehr biete ich ihm an, mit ihm in seinen Keller hinabzusteigen - daß ich diesen Gang wichtig finde, brauche ich ihm nicht zu sagen, denn sein Bild ist so sprechend, daß er diese Notwendigkeit am deutlichsten selbst spürt und kennt -. Ich überlasse ihm, wann er die Tür öffnet, wie weit er sie aufmacht, wieviele Schritte er nach unten riskiert, in welchem Tempo er vorgeht. Ich bin Begleiter im psychischen Prozeß meines Gegenübers, ich bin Gast in seiner Welt und helfe ihm dabei, daß er mit seinen Bildern fruchtbar umzugehen versteht, bis er eines Tages hoffentlich keinen doppelten Boden mehr braucht.

Menschenbilder und Gottesbilder

Die Bedeutung eines inneren Bildes läßt sich jeweils personzentriert erschließen. Dabei tun sich Zusammenhänge mit dem *Selbstbild* auf, also damit, wie ein Mensch sich aufgrund seiner Erfahrungen selbst wahrnimmt, aber auch mit dem *Idealbild*, das mit dem Selbstbild lebenslang in einer wechselvollen Spannung steht (der in der Imagination angeregte Umbau des Hauses kann in Richtung zum Idealbild weisen), sowie mit dem *Fremdbild*, also der Perspektive, die andere Menschen mit Blick auf mich entwickeln (so mag das imaginierte Haus ganz wohnlich eingerichtet sein, von außen aber recht verfallen und wenig einladend wirken). Differenzen zwischen Selbstbild und Idealbild erhalten eine lebenswichtige Spannung, sie können aber zu seelischem Leiden führen, wenn beide Bilder unüberbrückbar auseinanderdriften. Ebenso führen massive Unterschiede zwischen Selbstbild und Fremdbild häufig zu zwischenmenschlichen Konflikten. Vor diesem Hintergrund mag es verständlich erscheinen, daß Fragen, die um Selbst-, Fremd-

und Idealbilder kreisen, Themen der *Sozialpsychologie* sind.

Selbst-, Ideal- und Fremdbild richten sich auf dieselbe Person, sind Bilder von Menschen, *Menschenbilder*. Hilfreich ist aber auch zu klären, welches Bild diese Person nicht nur von sich selbst entwickelt, sondern auch welches *Gottesbild* ihr naheliegt. Empirische Untersuchungen im Feld von *Kultur- und Religionspsychologie* zeigen nachweisbare und inhaltlich plausible positive Zusammenhänge zwischen einem Selbstbild, das sich durch hohes Selbstwertgefühl auszeichnet, und dem Bild eines liebenden Gottes, ebenso zwischen einem negativen Selbstbild - etwa in einer Depression - und einem strafenden Gottesbild[23].

Ob es um Menschen- oder Gottesbilder geht, allen Bildern gemeinsam ist eine Ambivalenz, eine Vieldeutigkeit, die zwar einem neuzeitlichen Wissenschafts- und Erkenntnisideal nicht entspricht, aber der Wirklichkeit psychischer Prozesse doch recht nahekommt. Psychische Prozesse lassen sich nicht logifizieren, entziehen sich in ihrer Zwiespältigkeit und Widersprüchlichkeit dem Zugriff des Begriffs. Das Streben nach Eindeutigkeit und Sicherheit menschlicher Erkenntnis entspringt einer Allmachtsphantasie, die dem neuzeitlichen Subjekt göttliche Züge zu verleihen trachtet. Bilder kommen gerade dort ins Spiel, wo unsere begrifflichen Kompetenzen zu versagen drohen - in Bereichen des Unverfügbaren, des vorsichtigen Herantastens, des Ahnungsvollen, der Transzendenz. Damit komme ich zum dritten Fragenkreis.

1.1.3.   "Du sollst dir (k)ein Bildnis machen" -
         Vermittelnde, freisetzende, sprechende Bilder

1.1.3.1.   "Kunst gibt nicht das Sichtbare wieder,
           sondern macht sichtbar."

Was ist ein Bild? Mit dieser Frage tat sich eingangs eine Ambivalenz auf. Auf der einen Seite verstehen wir Bilder als Abbilder, als per Fernsehen, Zeitung oder Internet *vermittelte* Bilder, die Sichtbares wiedergeben, denen aber keine eigene sinnliche Erfahrung zugrunde liegt. Auf der anderen Seite stehen nicht vermittelte, sondern ihrerseits *vermittelnde* Bilder, die dazu einladen, sich auf ihre Bewegung einzulassen, sich von ihnen bewegen zu lassen. Ich versuche dann nicht, Herr über ein Bild zu werden, sondern mich

---

[23] s. Anette Dörr, Religiosität und Depression. Eine empirisch-psychologische Untersuchung, Weinheim: Deutscher Studien-Verlag, 1987, 28-32 und 101f.

in das Spiel, in die Seinsweise des Kunstwerkes selbst, hineinzugeben. Was ich damit anklingen lasse, ist meine Erfahrung in der Musik, am Klavier - eine Erfahrung, die manche Leserin, mancher Leser vielleicht mit mir teilt. Wer noch in der Phase des Übens steht, spielt noch unbeweglich und verkrampft, hektisch und unruhig. Wer aber mit einer Musik vertraut ist, gewinnt an Gelassenheit - vielleicht so sehr, daß er oder sie das Spiel in der Weise losläßt, daß das Spiel zuletzt sich selber spielt. Dieser Mensch *macht* nicht mehr Musik, sondern läßt sich in einer Weise auf sie ein, daß er selbst Musik wird und ist, in der Musik ganz aufgeht, sozusagen ganz hingegeben und "ganz weg" ist. Solches kann auch im Gespräch mit Bildern glücken. Musik und bildende Kunst führt Paul Klee zusammen, wenn er bildnerisch zeigt, daß da nicht ein Klavier und - davon distanziert - ein Pianist ist, sondern beide sich spielend ineinanderfügen[24].

Dieses Bild ist kein Abbild, keine Wiedergabe von etwas außerhalb des Bildes Bestehendem. Klees schöpferische Darstellungsweise bringt dieses

---

[24] s. Paul Klee, Leben und Werk. Herausgegeben von der Paul-Klee-Stiftung, Kunstmuseum Bern und dem Museum of Modern Art, New York, Stuttgart: Hatje, und Teufen, Niggli, 1987, 310.

Zusammenspiel erst zum Vorschein: "Kunst gibt nicht das Sichtbare wieder, sondern macht sichtbar."[25] Wenn ein Bild entsteht oder entwickelt wird, so hoffen wir, daß es, wie wir sagen, gut "herauskomme". Damit deutet sich eine Präsenz an, die nicht auf Abgebildetes verweist, sondern eine Präsenz im Bilde selber ist - eben so, daß es wahrhaftig (gut) herauskommt, zum Vorschein bringt, sichtbar macht.

1.1.3.2. "Du sollst dir (k)ein Bildnis machen."

Bloße Abbilder legen den Inhalt, auf den sie - diesen abbildend - hinweisen, auf dieses Bild fest und tun es darin den Begriffen gleich. Inhalte *gerinnen* zu Abbildern. Auch wir machen uns Bilder voneinander, um Orientierung zu gewinnen, wie wir mit anderen Menschen, mit anderen Persönlichkeiten umgehen, was wir von ihnen erwarten können. Solche Urteilsbildung gehört wiederum in den Bereich der Sozialpsychologie; zugleich handelt es sich um Fragen nach der Persönlichkeit, um unsere impliziten persönlichkeitspsychologischen Theorien, denen wir folgen, wenn wir Bilder von Persönlichkeiten entwickeln und diese vielleicht zu typisieren versuchen. *Persönlichkeitspsychologie* ist eine eigene psychologische Disziplin, die solche Bilder expliziert und sich in einem wissenschaftlichen Rahmen mit ihnen auseinandersetzt. Dabei können Bilder eine solche Macht ausüben, daß ein Mensch diesem Bild immer ähnlicher wird - etwa in dem Sinne, daß ein fachlich nicht ungeschickter Lehrling so sehr dem Mißtrauen seines Meisters ausgesetzt ist, der von ihm das Bild eines Taugenichts hat, daß er sich selbst nichts mehr zutraut, was über den Rahmen dieses Bildes hinausgeht, und dem Fremdbild seines Chefs immer näherkommt. Wer unter solchen Bildern leidet, braucht Hilfe und Kraft, um den Rahmen solcher Bilder zu sprengen, braucht Ermutigung, gleichsam aus dem Rahmen fallen zu dürfen.-
Mit der Interaktion von Meister und Lehrling streifen wir - gleichsam nebenbei - die *Pädagogische Psychologie* sowie den in der wissenschaftlichen Psychologie aufkeimenden Bereich der *Arbeits-, Betriebs- und Organisationspsychologie*, kurz: ABO-Psychologie.-

Diese einengende, festlegende, Leben lähmende Wirkung von Bildern macht uns das biblische Gebot verständlich: "Du sollst dir kein Gottesbild machen." (Ex 20, 4 und Dtn 5, 8) Bilder können einengen, festnageln. Als Gott

---

[25] Paul Klee, Beitrag für den Sammelband *Schöpferische Konfession*, abgedruckt in: ders., Wachstum regt sich, a.a.O., 57-60, 57.

- buchstäblich - festgenagelt wurde, starb Gott am Kreuz. Das alttestamentliche Bilderverbot wirkt im Christentum weiter, obwohl Gott selbst in seiner Menschwerdung unüberbietbare Anschaulichkeit erlangt, der Menschgewordene nach neutestamentlichem Zeugnis "das Ebenbild des unsichtbaren Gottes" (Kol 1, 15) ist. Erst ab dem vierten Jahrhundert etwa kommt es - in enger Verbindung mit der Entwicklung kirchlicher Architektur - zur Ausbildung einer eigenständig christlich geprägten Kunst. Dabei lassen sich personale Bilder - etwa Darstellungen Jesu Christi - und ihre Verehrung als Kern des byzantinischen Bilderstreits ausmachen. Auf seinem Höhepunkt rechtfertigt das Zweite Konzil von Nizäa im Jahr 787 den Gebrauch von Bildern, sofern ihnen eine Ehrbezeugung zukomme, nicht jedoch eine Anbetung[26].- Zwar sind die Ohren *das* Organ eines christlichen Menschen - Glauben kommt vom Hören -, doch gilt dies nicht exklusiv. So "kann das Christentum im Menschen eigentlich nur voll und vollendet gegeben sein, wenn es durch alle Tore seiner Sinnlichkeit eingezogen ist und nicht nur durch die Ohren das Wort"[27].- Soweit dieser für unseren Zusammenhang wichtige theologiegeschichtliche Einschub.

Wenn Bilder sich nicht in einem Abbildcharakter erschöpfen, geht von ihnen oft eine *freisetzende* Wirkung aus: Wachstum regt sich. Das Bild-erleben in Psychologie und Psychotherapie mag dafür manchen Wink geben: Bilder leben in psychischen Prozessen, sind oft ansprechende Bilder. Häufig geraten nicht nur Selbst- und Fremdbilder - beispielsweise das Selbstbild des Lehrlings und das Fremdbild des Chefs - in Widerstreit, sondern auch zwei einander bekämpfende Bilder, die eine einzige Person - ich denke an einen konkreten Menschen - von sich selbst hat: "Ich bin der ideale Visionär, der langfristige Pläne schmiedet", und "Ich bin der reale Ackermann, der keine Energie mehr aufbringen kann, um auf seinem Feld auch nur einen Schritt voranzugehen." Ein Mensch, in dem beide Seiten gegeneinander ankämpfen, einander bekriegen, erinnert an die Kippfigur aus der Gestaltpsychologie, die immer nur eines der beiden Bilder zeigt, nie beide gleichzeitig. Psychotherapeutisch kommt es darauf an, beiden Bildern ihr Daseinsrecht einzuräumen und einen Waffenstillstand zu erreichen - einen Waffenstillstand, der nicht die eine Seite zur Siegerin über die andere erklärt, sondern hoffen

---

[26] s. Sekretariat der Deutschen Bischofskonferenz (Hrsg.), Liturgie und Bild. Eine Orientierungshilfe. Handreichung der Liturgiekommission der Deutschen Bischofskonferenz (Arbeitshilfen; Bd. 132), Bonn 1996, 17.

[27] Karl Rahner, Zur Theologie des Bildes, in: Rainer Beck, Rainer Volp & Gisela Schmirber (Hrsg.), Die Kunst und die Kirchen. Der Streit um die Bilder heute, München: Bruckmann, 1984, 213-222, 217.

läßt, daß zwischen beiden Bildern etwas Neues, Drittes wächst.-
Sprechende Bilder - diese Wendung deutet an, daß es nicht darum gehen
kann, Bilder und Begriffe, Bilder und Wörter gegeneinander auszuspielen.
Bilder können unseren traditionellen Sprachraum jedoch entgrenzen, inso-
fern Bilder gleichzeitig vielfältige nichtlineare Bezüge aufweisen, während
Wörter nur nacheinander in einem linearen Prozeß aufzutauchen vermögen;
insofern Bilder gerade in ihrer Mehrdeutigkeit und Komplexität psychischen
Prozessen näher sind als eindeutige Wörter; insofern die Sinnlichkeit der
Bilder leichter als schwarz auf weiß Gedrucktes dazu reizen kann, daß wir
eine Resonanz spüren, die in Bewegung setzt, Schöpferisches freisetzt - im
Sinne eines Bildergebots: "Du sollst dir ein Bildnis machen."-

"Vor den Bildern sterben die Wörter": Dieser Titel meines inhaltlichen Einstiegs stammt aus der Erzählung "Kassandra". Sie kam einleitend zu Wort -
oder ins Bild -, so soll es auch abschließend sein, wenn sie auf ihre eigene
Entwicklung zurückblickt (und ich damit auf die *Entwicklungspsychologie*
hinweise): "Was ich lebendig nenne? Was nenne ich lebendig. Das schwie-
rigste nicht scheuen, das Bild von sich selbst ändern. ... Wenn ich mich heute an dem Faden meines Lebens zurücktaste, der in mir aufgerollt ist; den
Krieg überspringe, ein schwarzer Block; langsam, sehnsuchtsvoll in die
Vorkriegsjahre zurückgelange; die Zeit als Priesterin, ein weißer Block;
weiter zurück: das Mädchen - dann bleibe ich an dem Wort schon hängen,
das Mädchen, und um wieviel mehr noch hänge ich erst an seiner Gestalt.
An dem schönen Bild. Ich habe immer mehr an Bildern gehangen als an
Worten ... . Das Letzte wird ein Bild sein, kein Wort. Vor den Bildern ster-
ben die Wörter."[28]

1.2.   Psychologie als wissenschaftliche Disziplin

Nach einem ersten thematischen Einstieg, der bereits einige zentrale Disziplinen des Faches Psychologie streifte, möchte ich zunächst der Frage nach-
gehen, was Psychologie als wissenschaftliche Disziplin meint, worauf sie
abzielt, bevor ich mich der Vielfalt einzelner psychologischer Fächer widme.

Eine noch heute gängige Wendung besagt, Psychologie sei die Lehre vom

---

[28] Christa Wolf, a.a.O., 26.

Erleben und Verhalten des Menschen[29]. Erleben läßt eine subjektive Seite, Verhalten eine objektive oder doch per Beobachtung objektivierbare Seite des Gegenstands der Psychologie anklingen. Es geht um Erleben und Verhalten *des* Menschen, was die individualistische Ausrichtung einer so umschriebenen Psychologie dokumentiert.

Ein Blick in das weitverbreitete "Lexikon für Psychologie"[30] genügt, um deutlich werden zu lassen, daß es den Begriff "Psychologie" gar nicht eigens thematisiert. Band 3 dieses Lexikons führt diesen Terminus lediglich als Verweisstichwort: "Psychologie ↑Geschichte der Psychologie"[31]. Diese findet eine ausführliche Darstellung[32], und selbst das Stichwort "Psychologie ohne Seele"[33] findet im Lexikon Platz - erstaunlicherweise, denn in etymologischer Hinsicht ist Psychologie doch gerade die "Lehre von der Seele". So bleibe ich hinsichtlich des Gegenstands der Psychologie verwiesen auf die Formel "Lehre vom Erleben und Verhalten des Menschen".

Der "Steckbrief der Psychologie" einer Heidelberger Autorengruppe lehrt mich dazu folgendes: "Da allgemeine Definitionen" dieser Art "nur wenig sagen und auch Gegenstand anderer Wissenschaften sind, verweisen wir den Leser zunächst auf seine Vorverständnisse."[34] Aber auch damit bleibe ich ratlos zurück, weil dieser Aussage weder eine Psychologie der Vorverständnisse noch ein Hinweis auf eine Hermeneutik folgt, die solche Vorverständnisse eigens thematisiert. Vielmehr zeigt mir der Steckbrief, daß sich an die Einleitung zunächst ein ausführliches Kapitel mit der Überschrift "Methoden" anschließt[35], bevor die Inhalte dieses Fachs erörtert werden. Dieser Sachverhalt wirft einige Fragen auf. Gehören zu einem Steckbrief der Psychologie in erster Linie ihre Methoden und erst in zweiter Linie ihr Gegenstand? Und wie läßt sich dieser Gegenstand bestimmen, wenn Psychologie sich einerseits - unter cartesianischem Einfluß stehend - klassisch mathema-

---

[29] s. Ludwig J. Pongratz, Problemgeschichte der Psychologie, 2. Auflage, München: Francke, 1984, 245.

[30] Wilhelm Arnold, Hans J. Eysenck & Richard Meili (Hrsg.), Lexikon der Psychologie, 3 Bände, 2. Auflage, Freiburg i.Br. - Basel - Wien: Herder, 1987.

[31] Arnold, Eysenck & Meili (Hrsg.), Lexikon der Psychologie, Bd. 3, a.a.O., 1740.

[32] Frank Wesley, Geschichte der Psychologie, Teil I, in: Arnold, Eysenck & Meili (Hrsg.), Lexikon der Psychologie, Bd. 1, a.a.O., 734-749, und Ernst Wehner, Geschichte der Psychologie, Teil II, in: Arnold, Eysenck & Meili (Hrsg.), Lexikon der Psychologie, Bd. 1, a.a.O., 749-751.

[33] Philippe Müller, Psychologie ohne Seele, in: Arnold, Eysenck & Meili (Hrsg.), Lexikon der Psychologie, Bd. 3, a.a.O., 1759-1760.

[34] Klaus E. Rogge (Hrsg.), Steckbrief der Psychologie, 4. Auflage, Heidelberg: Quelle und Meyer, 1983, 16.

[35] s. Rogge, a.a.O., 15-57.

tisch-naturwissenschaftlicher Methodik verschreibt und andererseits auch ihre Herkunft aus der Philosophie nicht leugnet, wie sie sich etwa in der Zugehörigkeit des Berner Instituts für Psychologie zur Philosophisch-historischen Fakultät der Universität Bern ausdrückt?

Eine Wissenschaft findet ihren Gegenstand in der Reflexion auf einen Wirklichkeitsbereich, der bereits im alltäglichen Leben auftaucht[36]. Psychologie gewinnt ihren Gegenstand folglich als Resultat der Reflexion auf eine sich im Alltag phänomenal aufdrängende Wirklichkeit, der das Attribut "psychisch" bzw. "seelisch" zukommt. "Psychologisches" meint einen Reflexionsschritt, der von "Psychischem" ausgeht und letzteres voraussetzt. Dabei ist Psychisches nichts bloß Innerliches: Eine psychische Verfassung erscheint also nicht als gleichsam innerseelischer Zustand, nicht als etwas rein Subjektives, das von einer objektiven Außenwelt streng getrennt bliebe; vielmehr erschließt sich etwa in unseren Stimmungen und Gefühlen gerade unser Bezug zur Welt[37]. Unsere Stimmung kann bewirken, daß uns die ganze Welt finster vorkommt - der oft belächelte Weltschmerz drückt dies, wie ich finde, treffend aus -, sie kann aber auch bewirken, daß einer vor Freude ausruft: "Ich könnte die ganze Welt umarmen!" Mit diesen beiden psychischen Extremen - dem besonders düster gestimmten ebenso wie dem äußerst lichten - will ich den unlösbaren Zusammenhang von psychischer Innen- und davon nur scheinbar unberührter Außenwelt andeuten.

Als Thema und Arbeitsdefinition der Psychologie läßt sich vor diesem Hintergrund die von Walter Herzog formulierte Frage anführen, "wie der Mensch im Geflecht seiner Wirklichkeitsverhältnisse und deren Störung zurechtkommt"[38]. Dabei schließen Wirklichkeitsverhältnisse zwischenmenschliche Interaktionen ein, die die individualistische Ausrichtung der Psychologie zu weiten vermögen - so daß auch nicht mehr von "dem" Menschen auszugehen wäre. Psychisches wird spürbar und erfahrbar gerade dann, wenn in diesem Geflecht Störungen auftauchen.

Einen Zugang zu oft unanschaulichen psychischen Prozessen verschafft uns eine anschauliche Sprache; dazu rufe ich die einleitend genannten Gewissensbisse und die Niedergeschlagenheit in Erinnerung. Ein solches Vorgehen finden wir nicht nur in der alltäglichen, sondern auch in der wissen-

---

[36] s. Walter Herzog, Diskrepanzen und Modelle: Auf der Suche nach dem Gegenstand der Psychologie, in: Zeitschrift für Klinische Psychologie, Psychopathologie und Psychotherapie 32 (1984) 21-42.
[37] s. Detlev von Uslar, Stimmung und Emotion. Trauer und Freude, Angst und Heiterkeit, in: Daseinsanalyse 6 (1989) 20-28, 20.
[38] Herzog, Diskrepanzen und Modelle, a.a.O., 33.

schaftlichen Sprache, die gern auf Modelle, auf Metaphern, auf Bilder zurückgreift, wenn begriffliche Kompetenzen versagen: Vor den Bildern sterben die Wörter. Modelle von Menschen können Maschinenmodelle sein, die einen Menschen so beschreiben, *als ob* er eine Maschine wäre oder jedenfalls so funktioniere. Ein Modell für einen Menschen kann auch ein Haus sein - ein Bild, das uns bereits begegnete. Solche Modelle als Verkörperungen von Metaphern lassen psychische Wirklichkeit erschließen, nämlich dadurch, daß sie den Gegenstand der Psychologie konstituieren, *als ob* er einer bereits bekannten Wirklichkeit entspreche[39]. Metaphern ermöglichen nicht nur der Klientin und der Therapeutin, sondern auch der Wissenschaftlerin, dem Wissenschaftler, einen Fuß in den Türspalt einer neu sich öffnenden Wirklichkeit zu stellen. Metaphern vermögen einen herkömmlichen Erkenntnisrahmen zu entgrenzen.

Mit der Betonung der Bedeutung von Bildern zur Beschreibung psychischer Prozesse und zu ihrer psychologischen Erforschung kommen wir zur Wahrnehmung zurück - und zur Psychologie der Wahrnehmung, die ein wichtiges Teilgebiet der sogenannten Allgemeinen Psychologie ausmacht. Damit nähern wir uns den einzelnen Disziplinen, wie sie während des thematischen Einstiegs "Vor den Bildern sterben die Wörter" bereits anklangen, ohne jedoch systematisch entfaltet worden zu sein.

Grob einteilen lassen sich die psychologischen Teildisziplinen in sogenannte Grundlagen- und Anwendungsfächer. Ich übernehme diese terminologische Unterscheidung, da sie üblicherweise so getroffen wird, will aber doch zum Ausdruck bringen, daß die Bezeichnung "Anwendungsfach" in meinen Ohren ein wenig despektierlich klingt: Auch die Anwendungsfächer können sich nicht darauf beschränken, bloß anzuwenden, was an Grundlagen erarbeitet wurde, sondern stehen vor besonderen Herausforderungen, wenn sie das Theorie-Praxis-Problem oder Fragen multidisziplinären Arbeitens zu bewältigen haben.

Zu den Grundlagenfächern, die ich zuerst ansprechen werde, gehören Allgemeine Psychologie (1.3), Entwicklungspsychologie (1.4), Persönlichkeitspsychologie (1.5) und Sozialpsychologie (1.6). Diese Fächer bilden einen "Viererkanon", welcher ergänzt wird durch die bereits genannte Physiologische Psychologie sowie durch das Fach Methodenlehre (1.7). Anwendungsfächer hingegen sind Klinische Psychologie (1.8), Pädagogische

---

[39] s. Walter Herzog, Wissenschaft und Wissenschaftstheorie. Versuch einer Neubestimmung ihres Verhältnisses am Beispiel der Pädagogik, in: Zeitschrift für allgemeine Wissenschaftstheorie 18 (1987) 134-164, 158.

Psychologie, Arbeits-, Betriebs- und Organisationspsychologie, an manchen Orten, etwa Freiburg im Breisgau, auch Kultur- und Religionspsychologie - Fächer, die in diesem Buch ebenfalls zur Sprache kommen.

Bei meiner Darstellung psychologischer Disziplinen beginne ich mit der Allgemeinen Psychologie, da diese die Wahrnehmungspsychologie beheimatet, mit der wir nahtlos an das Thema des Bild-er-lebens anzuschließen vermögen.

1.3.   Allgemeine Psychologie

Allgemein ist die allgemeine Psychologie, insofern sie sich mit allgemeingültigen Gesetzmäßigkeiten des Erlebens und Verhaltens auseinandersetzt. Sie fokussiert also nicht zwischenmenschliche Unterschiede, Differenzen, wie sie die Persönlichkeitspsychologie thematisiert, die differentiell vorgeht und etwa nach geschlechtsbedingten Unterschieden fragt. Die Allgemeine Psychologie untersucht grundlegende psychische Prozesse, näherhin die Wahrnehmung, das Gedächtnis, das Lernen, das Denken und Problemlösen, die Emotionen, die Motivation, Sprechen und Sprachverstehen. Mit der Wahrnehmung setzt psychisches Geschehen ein; damit setze nun auch ich ein.

1.3.1.   Wahrnehmung

Was wir sehen oder hören, tasten, riechen oder schmecken, nehmen wir wahr. Dabei tauchen einige Fragen auf: Was nehme ich bei mir wahr, was bei anderen und anderem? Was nehmen andere bei sich, was bei mir wahr? Wie nehmen wir uns selbst, wie nehmen wir einander wahr?

Erfahrungen, Weisen unseres Fühlens und Denkens, Bewegungen, Erwartungen und Hoffnungen, insbesondere auch unsere Spiritualität spielen in der Wahrnehmung wichtige Rollen. Diese Zusammenhänge sprechen erneut gegen die Auffassung, Wahrnehmung bilde weitgehend rezeptiv in einer "Innenwelt" ab, was in einer "Außenwelt" vor sich geht. Sie lassen Wahrnehmung vielmehr als aktiven, als konstruktiven Prozeß erscheinen.

Reize lösen Wahrnehmungsprozesse aus, indem sie von dafür spezialisierten Nervenzellen aufgenommen werden, etwa durch die Lichtrezeptoren der Netzhaut oder durch die Schallrezeptoren des Innenohrs. Diese Rezeptoren leiten ihre Erregung über afferente (also von der Peripherie zum Zentralen Nervensystem führende) Nervenfasern an die Hirnrinde weiter. Dort entsteht ein bewußtseinsfähiges Wahrnehmungsbild. Dieses differiert oft massiv von seinen ursprünglichen Reizen. Dies sehen wir unmittelbar ein, wenn wir uns die Wahrnehmung eines Musikstücks und dessen ästhetischen Genuß vergegenwärtigen - Ästhetik ist das griechische Wort für Wahrnehmung - und ferner bedenken, daß diesem physikalisch bloße Schallwellen zugrunde liegen. Zwischen diesen Schallwellen und der Musik liegt ein konstruktiver Wahrnehmungsprozeß, der diversen Selektionen, Strukturierungen und Konstruktionen unterliegt, wie wir bereits im Rahmen der Einführung in die Gestaltpsychologie und ihre Gesetze sehen konnten.

Die Kunst der Wahrnehmung[40] war schon im Rahmen des Bild-er-lebens ein Thema; Weisen unserer Wahrnehmung hängen von unseren Vor-Urteilen, unseren Voreinstellungen, nicht zuletzt von unserer Spiritualität ab. Etwa in der Kirchenkunst schlagen sich unterschiedliche Wahrnehmungsweisen nieder. Die Fenster einer Kirche erschließen die Welt, in die diese Kirche gebaut ist. Da sind Kirchenfenster - vielleicht sinnbildlich für menschliche Überzeugungen - mit bunten Einzeichnungen, die unseren Blick nach draußen vorstrukturieren und uns auf das vielfältige Leben hinweisen, das dort grünt und blüht. Da sind aber auch Kirchenfenster, die als solche recht schmucklos wirken, auf diese Weise aber die Witterung, das Licht, den Wechsel der Jahreszeiten einfallen lassen in den Innenraum einer Kirche, die sich prägen läßt durch das, was in der Welt vor sich geht, und dafür durchlässig ist, die den Weltlauf also in ihr kirchliches Leben - räumlich sichtbar - aufnimmt. Solche divergierenden Gestaltungen von Kirchenfenstern, die auf ihre jeweilige Weise wahrnehmen lassen, was in der Welt geschieht, hängen mit unterschiedlichen Wahrnehmungsmustern zusammen. Beiden Varianten kommt eine menschliche Berechtigung zu, sofern vorstrukturierte und deutlich eingefärbte Fenster zeigen, daß Menschen, die sich in einem Kirchenraum versammeln, ihre Welt mit eigenen Augen, mit einer eigenen Überzeugung sehen, und sofern durchsichtige Fenster eine Offenheit signalisieren, die der Welt draußen gilt.
Die Kunst der Wahrnehmung spielt ihre Rolle aber nicht nur in der Architektur kirchlicher Bauten, sondern ebenfalls in der Seelsorge, sofern sie sich fürwahr auf ihr konkretes Gegenüber einläßt und einem Menschen oder einer Menschengruppe in verschiedener "Hin-Sicht" gewahr wird.

---

[40] Diese Wendung findet sich im Titel des Handbuchs von John O. Stevens, Die Kunst der Wahrnehmung. Übungen der Gestalttherapie, 13. Auflage, Gütersloh: Kaiser, 1993.

1.3.2. Gedächtnis

Wie wir wahrnehmen, hängt auch von den Wahrnehmungen und Erfahrungen ab, die wir bereits in früheren Zeiten sammeln konnten, also von dem, was wir in unserem Gedächtnis mitbringen, wenn wir beispielsweise die nun schon bekannte Konfiguration erblicken, die sowohl als Gesicht eines Mannes als auch als Körper einer Frau erscheinen mag. Das Gedächtnis ist neben der Wahrnehmung ein weiteres Thema der Allgemeinen Psychologie.

Meist wird das Gedächtnis als ein System modelliert, das sich in drei Subsysteme untergliedern läßt, nämlich in den sogenannten sensorischen Speicher, das Kurz- und das Langzeitgedächtnis[41].

Der sensorische Speicher vermag dank seiner praktisch unbegrenzten Kapazität detaillierte Bilder und Signale, wie sie die Sinnesorgane aufnehmen, für einige Zehntelsekunden zu speichern. Auf diese Weise erlaubt der sensorische Speicher dem Wahrnehmungsprozeß, Bestimmtes herauszugreifen und zu bearbeiten. Den Inhalt des zweiten Subsystems, also des Kurzzeitgedächtnisses, konstituieren nicht mehr die Bilder des sensorischen Speichers, sondern deren Interpretation: Der Speicherinhalt bildet sich aus den Anteilen des sensorischen Speichers, denen wir Aufmerksamkeit schenken, und zwar in beschränktem Umfang. Die zeitliche Speicherkapazität des Kurzzeitgedächtnisses liegt bei einigen Sekunden, mitunter gar einigen Minuten. Der Inhalt des Kurzzeitgedächtnisses kann durch Wiederholung jedoch langfristig erhalten werden und dabei sogar in das dritte Subsystem, also in das Langzeitgedächtnis, übergehen. Das Kurzzeitgedächtnis ist sofort und direkt zugänglich, das Langzeitgedächtnis jedoch nur unter Anstrengung. Praktisch unterliegt das Langzeitgedächtnis keiner Kapazitätsbeschränkung.

Der Speicherplatz des menschlichen Gedächtnisses reicht für Erfahrungen eines ganzen Lebens aus. Es braucht also eine starke Strukturierung, wenn in unserem menschlichen Gedächtnis abgespeicherte Inhalte wiederauffindbar sein sollen. Als Modell kann eine große Bibliothek dienen[42] - deren Organisation ist der Schlüssel zu ihrer effizienten Nutzung. Ein falsch katalogisiertes oder falsch eingestelltes ist ein verlorenes Buch. Auch im menschlichen Gedächtnis braucht es eine Katalogisierung, damit Speicherinhalte bei Bedarf gefunden und auch mit anderen Inhalten verknüpft werden können!

---

[41] s. Peter H. Lindsay & Donald A. Norman, Einführung in die Psychologie. Informationsaufnahme und -verarbeitung beim Menschen, Berlin - Heidelberg - New York: Springer, 1981, 235ff.
[42] s. Lindsay & Norman, a.a.O., 269f.

1.3.3. Lernen

Von den Möglichkeiten unseres Gedächtnisses hängen auch unsere Lern-leistungen ab. Dabei meint Lernen im Sinne der Lernpsychologie jedoch nicht nur ein Ansammeln von Wissen, etwa in der Schule oder in der Vorbereitung auf ein Examen. In der Allgemeinen Psychologie gilt jede über die Zeit stabile Verhaltensänderung als gelernt, sofern sie durch Übung oder Beobachtung eines Modells zustande kam. Die Tierexperimente zur soge-nannten klassischen sowie zur operanten Konditionierung zählen gewiß zu den bekanntesten psychologischen Untersuchungen. Ihre Übertragbarkeit auf menschliche Zusammenhänge ist fraglich, die Experimente wirken aber heuristisch insofern, als die Lerngesetze, die das Konditionieren zeigt, Hin-weise auf analoge Mechanismen bei Menschen geben. Beide Weisen des Konditionierens - die klassische und die operante - sollen im folgenden skiz-ziert werden, zumal sie in den Anwendungsfächern erneut zum Tragen kommen werden[43].

Die experimentelle Untersuchung zur klassischen Konditionierung geht auf den russischen Physiologen Iwan Petrowitsch Pawlow (1849 - 1936) zurück. In seinen Arbeiten zur Physiologie der Verdauung maß er bei Hunden die Speichelabsonderung nach Vorgabe verschiedener Substanzen, beispiels-weise Fleischpulver. Dabei bemerkte er, wie auch zuvor neutrale Reize - etwa die Schritte des herannahenden Experimentators - den Speichelfluß auslösten, sofern diese Reize bereits mehrfach gemeinsam mit oder kurz vor der Futtergabe aufgetreten waren. Nach dieser Entdeckung wandte sich Pawlow von seinen ursprünglichen, rein physiologischen Forschungsarbei-ten ab, für die ihm im Jahr 1904 noch der Nobelpreis verliehen wurde. Er konzentrierte sich fortan auf eine sorgfältige experimentelle Untersuchung dieser Lernprozesse.

Das klassische Experiment zeigt folgenden Aufbau: Bekommt ein Hund Fleischpulver ins Maul, so sondert er Speichel ab. Das Fleischpulver fun-giert als unkonditionierter Reiz, als unkonditionierter Stimulus, der Speichel als unkonditionierte Reaktion. Nun wird dem Hund in Verbindung mit der Gabe des Fleischpulvers mehrmals ein zunächst neutraler Stimulus angebo-ten, nämlich ein Glockenton. Erfolgt diese Koppelung häufig genug, so ruft der Glockenton allein den Speichelfluß hervor. Aus dem zunächst neutralen

---

[43] s. dazu Hans Spada, Andreas M. Ernst & Werner Ketterer, Klassische und operante Kondi-tionierung, in: Hans Spada (Hrsg.), Lehrbuch Allgemeine Psychologie, Bern - Stuttgart - Toronto: Huber, 1990, 323-372.

Reiz des Glockentons wurde ein konditionierter Reiz, ein konditionierter Stimulus, der nun die konditionierte Reaktion des Speichelflusses auslöst, ohne daß er mit dem unkonditionierten Reiz des Fleischpulvers gepaart wäre.

Dieses einfache Grundmuster macht sich beispielsweise die Werbung zunutze, indem sie mit Schlüsselreizen arbeitet, attraktive Frauen und Männer, Sonne und Strand, frohe Stimmung präsentiert, in der Sprache der Lernpsychologie also Stimuli, die gleichsam reflexartig Reaktionen der Zuwendung nach sich ziehen. Diese Werbung kombiniert diese Schlüsselreize mit zunächst neutralen Reizen, also mit einem Produkt und seinem Markennamen, mit dem Ziel, daß aus dem neutralen Stimulus ein konditionierter werde, der konditionierte Zuwendung und damit den Kauf dieses Produkts veranlassen möge.

Neben der klassischen existiert die operante Konditionierung. Eine hungrige Katze wird in einen Käfig gesperrt; eine Schale mit Futter ist - für die Katze gut sichtbar - außerhalb des Käfigs deponiert. Durch Zug an einer von der Decke des Käfigs herabhängenden Schlaufe läßt sich die Käfigtür öffnen. Die Katze läuft eine Weile unruhig im Käfig umher und kratzt vielleicht an dessen Wänden, bis sie - wohl zufällig - in die Schlaufe tritt und damit verursacht, daß die Tür sich öffnet und der Weg zum Futter frei wird. Bei einer mehrfach durchgeführten Wiederholung dieses Versuchs verringert sich die Zeit immer mehr, die die Katze zum Öffnen des Käfigs benötigt. Der Lernfortschritt erfolgt graduell, bis die Katze nach vielen Durchgängen sofort zur Schlaufe greift, sobald sie in einen solchen Käfig gesperrt wird. Die Katze hat gelernt - nach Versuch und Irrtum.

Zur Unterscheidung von klassischer und operanter Konditionierung: Bei der klassischen Konditionierung geht es darum, eine angeborene Reaktion des Organismus auf einen bestimmten auslösenden Reiz mit einem anderen und zunächst neutralen Reiz zu koppeln. Bei der operanten Form hingegen handelt es sich um eine Konditionierung, bei der die Wahrscheinlichkeit des Auftretens eines auf die Umwelt einwirkenden Verhaltens dadurch erhöht wird, daß mit diesem Verhalten positive Konsequenzen einhergehen. Ein spontan auftretendes Verhalten - der Tritt in die Schlaufe etwa - bewirkt eine Veränderung in der Umwelt eines Lebewesens, wobei die zu diesem Verhalten führenden Reize häufig nicht recht bekannt sind. Operantes Verhalten, das positive Folgen nach sich zieht, ist also nicht reizgebunden im Sinne der klassischen Konditionierung. Folgt dem Auftreten einer operanten Verhaltensweise eine Verstärkung - der Zugang zum Futter etwa -, so erhöht sich die Wahrscheinlichkeit, daß dieses Verhalten in gleichen oder jedenfalls vergleichbaren Situationen erneut auftaucht.

Einen Verstärker definiert der 1904 geborene und im Jahr 1990 verstorbene Burrhus Frederic Skinner, der Vater der operanten Konditionierung, durch seine Wirkung: Ein Verstärker ist ein Reiz, welcher als Konsequenz einer Verhaltensweise auftritt und deren Stärke (Auftretenswahrscheinlichkeit) steigert.

Belohnungen durch Süßigkeiten, Spielzeug, Lob und andere Formen der Zuwendung bekräftigen und verstärken Verhaltensweisen (nicht nur bei Kindern), so daß dieses Verhalten zunehmend häufig auftritt und in das Verhaltensrepertoire eines Menschen Eingang findet. Neben solcher positiver Verstärkung durch Hinzufügen eines angenehmen Reizes kennt die Lernpsychologie negative Verstärker, die Verhaltensweisen dadurch verstärken, daß ein unangenehmer Reiz entfällt. Analog zur Verstärkung kennen wir zwei Typen der Bestrafung, die die Auftretenswahrscheinlichkeit von Verhaltensweisen senken, indem ihnen ein unangenehmer Reiz folgt oder indem ein angenehmer Reiz entfällt (eine Belohnung also ausbleibt). Operantes Konditionieren spielt beispielsweise in der Erziehung eine wichtige Rolle, in verschiedenen Ausformungen wohl in allen zwischenmenschlichen Interaktionen.

Je größer das Zeitintervall ist, welches zwischen der Ausübung eines Verhaltens und dem Angebot eines Verstärkers verstreicht, desto langsamer erfolgt der Lernprozeß, desto geringer ist auch die Stärke des konditionierten Verhaltens[44]. So fällt manchem oder mancher von uns das Sparen schwer, weil es zunächst einen Verzicht bedeutet und erst auf lange Sicht eine Belohnung winkt. Und umgekehrt kennen wir viele Situationen, in denen positive Konsequenzen sofort eintreten, negative aber nur mit starker zeitlicher Verzögerung, so daß diese langfristig schädlichen Folgen trotz ihrer bestrafenden Wirkung die Verhaltenshäufigkeit nicht zu senken vermögen. Solche "Fallen"[45] kennen wir im individuellen Bereich, etwa beim Rauchen, wenn die Zigarette einen unmittelbaren Genuß und allenfalls späte Schäden vermittelt. Solche Fallen existieren aber auch kollektiv, etwa im Umgang mit ökologischen Fragen.

Neben den beiden Varianten der klassischen und der operanten Konditionie-

---

[44] s. G. Robert Grice, The relation of secondary reinforcement to delayed reward in visual discrimination learning, in: Journal of Experimental Psychology 38 (1948) 1-16.
[45] s. John Platt, Social traps, in: American Psychologist 28 (1973) 641-651.

rung kommt als dritte Weise des Lernens das Lernen am Modell zum Tragen; durch Beobachtung eines Vorbilds erwirbt ein Mensch Verhaltensweisen, indem er das Modell imitiert[46].

Die Geschichte der Lernpsychologie kennt eine kognitive Wende. Deren Verdienst besteht darin, daß sie den klassischen Lernprozeß nicht auf ein Reiz-Reaktions-Modell reduziert, sondern die "black box" zwischen Reiz und Reaktion, den Organismus und dessen kognitive Kompetenz in das Lerngeschehen einbezieht. Damit leite ich über zu einem weiteren Bereich der Allgemeinen Psychologie, zu Denken und Problemlösen.

1.3.4.   Denken und Problemlösen

Die historische Entwicklung der Psychologie des Denkens und Problemlösens führt uns nochmals zu der bereits im Rahmen der Gestaltpsychologie genannten Denkpsychologie der Würzburger Schule, zu ihrem Protest gegen einen Assoziationismus und ihren Verdiensten um die Einführung des Strukturbegriffs in die Psychologie. Wie gehen Menschen vor, wenn sie denken? Was geschieht, wenn sie mit einem Problem konfrontiert sind und es durch Prozesse des Denkens einer Lösung zuzuführen suchen?

Karl Duncker, ein Schüler der schon genannten Gestaltpsychologen Wolfgang Köhler und Max Wertheimer, geht in seinem erstmals 1935 publizierten und später nachgedruckten Buch "Zur Psychologie des produktiven Denkens"[47] davon aus, daß wir ein Problem sehen, sofern wir seine strukturalen Zusammenhänge sowie die Notwendigkeit erkennen, daß es zur Problemlösung einer davon abweichenden Struktur, einer Umstrukturierung bedarf. Wir suchen alles in einer Problemsituation Gegebene daraufhin ab, ob und wie es zu deren Lösung beitragen kann, ob dem, was uns dabei begegnet, ein "Funktionalwert"[48] zukommt. Dieser Funktionalwert eines Gegenstands liegt zumeist nicht offen zutage; diesen zu entdecken, macht gerade den produktiven, den schöpferischen Charakter des Denkens aus. Ein einfa-

---

[46] s. dazu Albert Bandura, Sozial-kognitive Lerntheorie (Konzepte der Humanwissenschaften), Stuttgart: Klett-Cotta, 1979, sowie Frank Halisch, Beobachtungslernen und die Wirkung von Vorbildern, in: Hans Spada (Hrsg.), Lehrbuch Allgemeine Psychologie, Bern - Stuttgart - Toronto: Huber, 1990, 373-402.

[47] Karl Duncker, Zur Psychologie des produktiven Denkens (1935), Erster Neudruck, Berlin - Göttingen - Heidelberg: Springer, 1963.

[48] s. Duncker, a.a.O., 5ff.

ches Beispiel möge das Vorgehen veranschaulichen: Ein Wanderer möchte einen Bach überqueren, stößt aber auf keine Brücke. Irgendwo in Ufernähe liegt jedoch ein Baumstamm, und der Wanderer entdeckt dessen Funktionalwert, insofern dieser Baumstamm als Steg über die Brücke fungieren könnte. In vielen Problemsituationen ist es für uns weitaus schwieriger, den zielführenden Funktionalwert eines Gegenstands zu entdecken, insbesondere dann, wenn dieser Gegenstand in andere Strukturen fest eingebunden ist und es einer relativ komplexen Umstrukturierung bedarf. Einem Schimpansen etwa, der einen Stock oder einfach einen langen festen Gegenstand benötigt, um ein Problem zu lösen, fällt es mitunter schwer, in einem noch am Baum befindlichen Ast den Stock zu sehen, den er braucht, ihn sozusagen "loszusehen". Denn am Baum ist er Ast, integraler Bestandteil der Gesamtfigur des Baumes, und diese Eingebundenheit in, diese "funktionale Gebundenheit"[49] an diese Struktur ist offenbar schuld daran, daß der Ast am Baum schwerer als etwa ein am Boden liegender Ast in seinem Funktionalwert zu entdecken ist für den, der etwas Stockartiges sucht.

Im Sinne der Gestaltpsychologie gehen Prozesse des Denkens und Problemlösens von einer gestörten Gestalt aus, die in eine gute Gestalt überzuführen ist. Da das Denken zu funktionaler Gebundenheit, ja funktionaler Fixierung neigt, müssen kreative Prozesse der Umstrukturierung eingeübt werden gegen ein dem Denken offenbar innewohnendes Gefälle zu Gewöhnung und blindem Vorgehen. Unser Organismus tendiert dazu, seine Ziele mit möglichst minimalem Aufwand zu erreichen, und greift - soweit möglich - auf bekannte Problemlösungsmuster zurück - zur eigenen sinnvollen Entlastung. Die Kehrseite dieser Sparsamkeit liegt jedoch in den Schwierigkeiten, die sich bei der Konfrontation mit neuen und unbekannten Aufgaben auftun.

Dem Denken[50] zugehörende Themen sind - neben anderen - die Entwicklung des Denkens, auf die ich im Rahmen der Entwicklungspsychologie zu sprechen kommen werde, und die Intelligenz, ein Thema, das ich im Kontext der Persönlichkeitspsychologie aufnehmen werde. Aus den Traditionen der Denkpsychologie etabliert sich derzeit ein dynamisch wachsender eigener Forschungsbereich mit dem Namen "Kognitionswissenschaft". Howard Gardner definiert Kognitionswissenschaft als den "zeitgenössischen Ver-

---

[49] s. Duncker, a.a.O., 102ff.
[50] s. zu diesem Bereich der Allgemeinen Psychologie Gerd Lüer & Hans Spada, Denken und Problemlösen, in: Hans Spada (Hrsg.), Lehrbuch Allgemeine Psychologie, Bern - Stuttgart - Toronto: Huber, 1990, 189-280.

such, sehr alte erkenntnistheoretische Fragen auf empirischem Wege zu beantworten - vor allem die Fragen, welche sich mit der Natur des Wissens, dessen Komponenten, dessen Ursprüngen, dessen Entfaltung und dessen Anwendung befassen"[51].

1.3.5.   Emotionen

Neben dem Denken sind auch die Emotionen ein Gegenstand der Allgemeinen Psychologie, auch wenn ihr subjektiver Charakter sich einer objektivierenden und quantifizierenden Untersuchung weitgehend entzieht. So entstand eine emotionspsychologische Forschungstradition, die sich weniger auf die Emotionen selbst, sondern vielmehr auf ihre physiologischen Begleiterscheinungen konzentrierte, also etwa auf Herzschlag und Atmung, Feuchtigkeit der Hände, Erröten, Mimik. Neben dem Wechselspiel zwischen Emotionalität und physiologischen Prozessen spielt heute die Interaktion von Kognition und Emotion bzw. von kognitiven und affektiven Vorgängen eine wichtige Rolle.

Während die psychoanalytische Bewegung seit Sigmund Freud primär *affektive* Dynamiken herausstellt(e), widmete sich Jean Piaget vorwiegend der Erforschung von Genese und Struktur *kognitiver* Funktionen. Luc Ciompi nun deutet sein Kognitionen und Affekte verbindendes Anliegen bereits in der Wahl des Buchtitels "Affektlogik"[52] an. Er möchte Denken und Fühlen nicht nebeneinander, sondern in ihrem Zusammenwirken als affektlogische Schemata[53] verstehen. Zugleich soll dieser Terminus "so etwas wie eine 'Logik der Affekte' und eine 'Affektivität der Logik' ausdrücken"[54].
Fühlen und Denken sind nicht zu trennen, aber doch unterscheidbar[55]: Das Fühlen ist phylogenetisch älter, synchron-simultan, analogisch, bildhaft und

---

[51] Howard Gardner, Dem Denken auf der Spur. Der Weg der Kognitionswissenschaft, Stuttgart: Klett-Cotta, 1992, 17f.
[52] Luc Ciompi, Affektlogik. Über die Struktur der Psyche und ihre Entwicklung. Ein Beitrag zur Schizophrenieforschung (Konzepte der Humanwissenschaften), Stuttgart: Klett-Cotta, 1982.
[53] s. Ciompi, Affektlogik, a.a.O., 68ff.
[54] Luc Ciompi, Zur Integration von Fühlen und Denken im Licht der "Affektlogik". Die Psyche als Teil eines autopoietischen Systems, in: Karl P. Kisker u.a. (Hrsg.), Psychiatrie der Gegenwart, Bd. 1: Neurosen, Psychosomatische Erkrankungen, Psychotherapie, 3. Auflage, Berlin - Heidelberg - New York: Springer, 1986, 373-410, 374.
[55] s. dazu und zu weiteren Untersuchungen Ciompi, Zur Integration von Fühlen und Denken im Licht der "Affektlogik", a.a.O., 380-382.

räumlich orientiert; das Denken dagegen ist phylogenetisch jünger, diachron-sequentiell, digital, sprachlich und zeitlich orientiert[56].
Fühlen erscheint nach Ciompi als eine "'Grundschwingung' von relativer Invarianz, auf die sich die schneller wechselnden gedanklichen Inhalte dann gewissermaßen als Varianz aufmodulieren. Aus der regelhaften Verbindung von bestimmten Invarianzen mit Varianzen aber entstehen (bzw. *bestehen*) ... typische 'Strukturen'"[57]. Unter dem "psychischen Bereich" versteht Ciompi ein hierarchisches Gefüge von äquilibrierten affektiv-kognitiven Bezugssystemen[58]. Das dynamische Zusammenwirken von Fühlen und Denken führt zu einer "'Selbstorganisation' der Psyche"[59].

Ciompis Konzeption einer Affektlogik versucht Denken und Fühlen in ihrem Zusammenwirken zu verstehen. Gegen dieses mir plausible Anliegen habe ich keine grundsätzlichen Einwände vorzubringen. Wenn Ciompi allerdings von einem affektiv-kognitiven "Ganzen"[60] spricht, so lauert zumindest die Gefahr, daß die Konzentration auf das Zusammenspiel von Denken und Fühlen aus dem Blick verliert, daß beide Seiten einander widerstreiten können. Gerade daraus kann ein massiver, aber auch fruchtbarer Konflikt erwachsen, zu dessen Bewältigung es möglicherweise psychotherapeutischer Hilfe bedarf. Mir kommt es also darauf an, nicht nur das Zusammenspiel von Denken und Fühlen, sondern auch die Unterschiedlichkeit der Profile beider "Spieler" in den Blick zu nehmen.

Soviel zum Bereich der Emotionen und ihrem Zusammenspiel mit den Kognitionen.

1.3.6.   Motivation

Der Emotionspsychologie folgt ein weiterer Bereich der Allgemeinen Psychologie, die sogenannte Motivationspsychologie[61]. Motivationsfragen wol-

---

[56] s. dazu Luc Ciompi, Außenwelt - Innenwelt. Die Entstehung von Zeit, Raum und psychischen Strukturen, Göttingen: Vandenhoeck & Ruprecht, 1988. Damit knüpft er an seine "Affektlogik" (Ciompi, Affektlogik, a.a.O.) an.
[57] Ciompi, Zur Integration von Fühlen und Denken im Licht der "Affektlogik", a.a.O., 381.
[58] s. Ciompi, Zur Integration von Fühlen und Denken im Licht der "Affektlogik", a.a.O., 388 und 400.
[59] Ciompi, Zur Integration von Fühlen und Denken im Licht der "Affektlogik", a.a.O., 393.
[60] Ciompi, Affektlogik, a.a.O., 117.
[61] s. zum folgenden Heinz Heckhausen, Motivation und Handeln, 2. Auflage, Berlin - Hei-

len herausfinden, zu welchem Zweck Menschen bestimmte Handlungen ausführen. In vielen Situationen bedrängen uns solche Fragen gar nicht, da es bei Menschen in unserer Umgebung sowie bei uns selbst meist auf der Hand liegt, wozu sie tun, was sie gerade tun. Drei Anlässe jedoch lassen sich anführen, die uns leicht nach diesem Wozu fragen lassen.

Der erste dieser Anlässe ist gegeben, wenn Menschen in bestimmten Situationen anders handeln, als die meisten anderen vorgehen. Da ist eine Schülerin, die nicht nur während des Unterrichts wißbegieriger und eifriger erscheint als ihre Mitschülerinnen, sondern auch während ihrer Freizeit. Und da ist ein anderer Schüler, der schon während der Schulstunden kaum zum Lernen zu motivieren ist - und in seiner Freizeit schon gar nicht. Wenn solche individuellen Auffälligkeiten stabil sind und sich in ganz unterschiedlichen Situationen durchhalten, so liegt die Vermutung nahe, hierbei von persongebundenen Eigenarten, von individuell abweichenden Dispositionen auszugehen. Solche Dispositionen, die ein Individuum charakterisieren, lassen sich als Motive bezeichnen. Jedes Motiv unterscheidet sich hinsichtlich einer ihm eigenen Inhaltsklasse von Handlungszielen, die umschrieben werden als Dispositionen zu Leistung, zu Ängstlichkeit, zu Aggression, zu Macht, zu Affiliation (im Sinne von sozialer Bindung und Geselligkeit) oder zu Hilfeleistung.
Hilfemotiviertes Handeln erfolgt weniger um des eigenen als vielmehr um des fremden Wohlergehens willen; es ist mehr fremddienlich als selbstdienlich. So kann ein äußerlich gleiches Handeln in dem einen Zusammenhang altruistisch sein, in einem anderen dagegen machtorientiert, etwa mit der Absicht, das menschliche Gegenüber abhängig und für eine spätere Gelegenheit gefügig zu machen. Das für das Hilfehandeln entscheidende Charakteristikum der Fremddienlichkeit läßt sich, wie es in einem verbreiteten Lehrbuch zur Motivationspsychologie heißt, "kaum prägnanter darstellen als durch das Gleichnis vom barmherzigen Samariter"[62]. Ich komme darauf zurück.
An den Motivbegriff knüpfen sich einige Fragen. Wieviele Motive kennen wir? Wie lassen sie sich diagnostizieren? Sind Motive universal verbreitet, oder unterliegen sie historischen Veränderungen sowie kulturellen Unterschieden? Inwiefern sind sie genetisch bedingt, inwiefern durch Erfahrung erlernt? Auf welche Weise bilden sich individuelle Differenzen heraus, und (wie) lassen sich diese hernach modifizieren?

---

delberg - New York: Springer, 1989.
[62] Heckhausen, a.a.O., 279.

Der zweite Anlaß zu Motivationsfragen berücksichtigt die Macht, die von manchen Situationen auszugehen scheint, die das Handeln gleichsam lenken, zu bestimmten Verhaltensweisen verleiten, die weniger auf die Person und vielmehr auf die Situation zurückzuführen sind. Manchmal ist es eben die "Gelegenheit, die Diebe macht". Situationen bieten sich als Gelegenheiten an, die die Erfüllung langgehegter Wünsche verheißen - oder umgekehrt bedrohliche Ereignisse ankündigen. Solchen Anreizen, die von Situationen ausgehen (in positiv verheißender oder negativ bedrohender Hinsicht), wohnt die Aufforderung zu entsprechendem Handeln inne.

Diese Aufforderung ergeht jedoch wieder an eine Person. Es geht darum, die Wahrscheinlichkeit der Realisierung von Zielen, die einer handelnden Person wertvoll sind, durch eigenes Handeln zu erhöhen oder zu sichern. Zwei Größen erscheinen dabei als entscheidend: zum einen der Wert, den ein Mensch dem beimißt, was er realisieren möchte, zum anderen die Erwartung, also die erlebte Wahrscheinlichkeit, mit der die Erreichung dieses Zieles gelingen wird[63]. Aus dem Wert, den eine Person einem Handlungsziel zuspricht, und ihrer Erwartung, dieses Ziel erreichen zu können, resultiert ihre Motivationstendenz.

Das Lottospiel etwa kennt zwar nur eine minimale Gewinnwahrscheinlichkeit, dafür aber einen unermeßlich hohen Wert, der diesem Gewinn zukommt. Umgekehrt signalisiert die Jahrmarktwerbung "Jedes Los ein Gewinn!" größere Gewinnchancen, zugleich aber auch kleinere Gewinne.

In der neueren Motivationspsychologie geht es nicht mehr ausschließlich um den einen oder den anderen Anlaß zu Motivationsfragen, sondern um deren Wechselwirkung: Praktisch spielen augenscheinlich persongebundene Motive und die Gelegenheiten, die Diebe zu machen scheinen, zusammen, zumal Person und Situation allemal interagieren.

Wie kommt es zum Handeln? Damit ist der dritte Anlaß zu Motivationsfragen gegeben. Wir kennen Umstände, unter denen aufkommende Wünsche sich rasch in Absichten verwandeln, die bei nächster Gelegenheit mittels dazu geeigneter Handlungsweisen realisiert werden. Wir kennen auch Personen, die in dieser Hinsicht nicht lange zaudern, denen wir vielleicht eine starke Willenskraft zusprechen, während andere schwanken, sich nicht auf Erreichbares konzentrieren oder von dem nicht lassen können, was sie als unerreichbar längst erkannt haben.

Wie kommt es zum Handeln? Es geht um Prozesse, ohne die Handeln gar

---

[63] Zu den Erwartungs-Wert-Theorien s. Heckhausen, a.a.O., 168f.

nicht zustande käme, insbesondere um vorbereitende Phasen, die zunächst eine Handlungsabsicht herausbilden. Wenn es nach einem ersten Motivationsstadium, in dem Wünsche auf ihre Realisierbarkeit geprüft worden sind, hinreichend Grund gibt, deren Umsetzung durch eigenes Handeln zu versuchen, kommt es zur Bildung einer Intention, zu einem Willensakt. Diese Intention erhält bei Gelegenheit Zugang zum Handeln und steuert eine Handlung bis zur Erreichung des Ziels.

Wir kennen aber auch unzählige alltägliche Anlässe, bei denen es zu gewohnheitsmäßigem Handeln kommt, ohne daß es dazu einer besonderen Intention bedarf. Bei Gewohnheitshandlungen scheint an der Intentionsschwelle der "Schlagbaum" gehoben und damit der Übergang zum Handeln freigegeben zu sein. - Zudem kennen wir sogenannte Affekthandlungen: Bei hoher innerer Erregung bricht sich der Motivationsimpuls seine Bahn zum Handeln - selbst bei geschlossenem Schlagbaum.

Vermutlich werden die einzelnen Phasen eines Motivationsprozesses - Motivation, Intention, Handlung - von verschiedenen Kräften bestimmt. Erwartung und Wert als für die Motivationstendenz maßgebliche Faktoren gehören wohl in das erste Stadium. So kennen wir aus alltäglicher Erfahrung die Qual der Wahl bei schwerwiegenden Entscheidungen, aber auch den befreiend wirkenden Entschluß, die Intentionsbildung. Wir kennen ebenso die Handlungsvorbereitungen, wenn die gefaßte Intention nach Umsetzung drängt, und schließlich den Übergang zum Handeln, das uns Schritt für Schritt dem Ziel näher bringt.

Ich habe drei Anlässe skizziert, die zu Motivationsfragen Anlaß geben: Zunächst ging es um *Motive*, also um individuell unterschiedlich ausgeprägte persongebundene Dispositionen, sodann um *Motivationen*, die nicht allein von der Gelegenheit rühren, die Diebe macht, sondern als Wechselwirkung von Situation und Person konzipiert sind, und schließlich um die Prozeßfolge von Motivation, Intention und Handlung; letztere läßt sich als *Volition* - im Sinne eines Wollens - bezeichnen. Damit beschließe ich meine knappe Einführung in Fragen der Motivationspsychologie, ohne das Thema nun zu verlassen. Ich hatte angekündigt, daß ich auf den barmherzigen Samariter zurückkommen würde, der als exemplarisch für das Hilfehandeln vorgestellt wurde. Diesem Samariter ist ein Exkurs gewidmet, der unter dem folgenden Titel steht: Christliche Hilfsmotivation - ein doppelt fragwürdiges Phänomen?[64]

---

[64] s. zum folgenden Gerd Theißen, Die Bibel diakonisch lesen: Die Legitimitätskrise des Helfens und der barmherzige Samariter, in: Gerhard K. Schäfer & Theodor Strohm (Hrsg.),

1.3.6.1. Christliche Hilfsmotivation -
ein doppelt fragwürdiges Phänomen?

Zum einen geht es mir im folgenden um das Attribut der Christlichkeit, also um spezifische Motive für helfendes Engagement. Zum anderen soll es um eine grundsätzliche Kritik gehen, die jedwede Hilfsmotivation trifft - psychologisch, soziologisch und biologisch.

Psychologisch kreisen um Hilfe und Hilfsmotivation Stichworte wie "Helfersyndrom", "hilflose Helfer" und "Ausgebranntsein", die allesamt an menschliche Überforderungen denken lassen.

Soziologisch schwingt beim Helfen der Verdacht mit, es sei kaschiertes Herrschen, denn ein Helfer könne nur helfen, wenn er mit mehr Macht ausgestattet sei als der Hilfesuchende.

Biologisch schließlich entwickelt die Evolution durch Mutation und Selektion neue Lebensformen - Hilfe erscheint als dysfunktionale Gegenselektion, die zum Schutz gerade dessen führt, was der Evolution zuwiderläuft. "Echter" Altruismus, etwa unter Tieren, wäre evolutionsbiologisch dysfunktional. Dauerhaft möglich ist er nur, wenn vermeintlich altruistisches Verhalten der Verbreitung der eigenen Gene dient, also durch Förderung genetisch Verwandter. Denkbar ist daneben ein reziproker Altruismus im Sinne gegenseitiger Hilfeleistung.

Kann das Beispiel vom barmherzigen Samariter Auskunft geben nicht nur zur Fremddienlichkeit einer Hilfeleistung, sondern auch zum Proprium christlicher Hilfe? Ich rufe zunächst den gesamten Text aus Lk 10, 25 - 37 in Erinnerung.

"Da stand ein Gesetzeslehrer auf, und um Jesus auf die Probe zu stellen, fragte er ihn: Meister, was muß ich tun, um das ewige Leben zu gewinnen? Jesus sagte zu ihm: Was steht im Gesetz? Was liest du dort? Er antwortete: Du sollst den Herrn, deinen Gott, lieben mit ganzem Herzen und ganzer Seele, mit all deiner Kraft und all deinen Gedanken und: Deinen Nächsten sollst du lieben wie dich selbst. Jesus sagte zu ihm: Du hast richtig geantwortet. Handle danach, und du wirst leben. Der Gesetzeslehrer wollte seine Frage rechtfertigen und sagte zu Jesus: Und wer ist mein Nächster?

Diakonie - biblische Grundlagen und Orientierungen. Ein Arbeitsbuch zur theologischen Verständigung über den diakonischen Auftrag (Veröffentlichungen des Diakoniewissenschaftlichen Instituts an der Universität Heidelberg; Bd. 2), 2. Auflage, Heidelberg: Heidelberger Verlags-Anstalt, 1994, 376-401.

Darauf antwortete ihm Jesus: Ein Mann ging von Jerusalem nach Jericho hinab und wurde von Räubern überfallen. Sie plünderten ihn aus und schlugen ihn nieder; dann gingen sie weg und ließen ihn halbtot liegen. Zufällig kam ein Priester denselben Weg herab; er sah ihn und ging weiter. Auch ein Levit kam zu der Stelle; er sah ihn und ging weiter. Dann kam ein Mann aus Samarien, der auf der Reise war. Als er ihn sah, hatte er Mitleid, ging zu ihm hin, goß Öl und Wein auf seine Wunden und verband sie. Dann hob er ihn auf sein Reittier, brachte ihn zu einer Herberge und sorgte für ihn. Am andern Morgen holte er zwei Denare hervor, gab sie dem Wirt und sagte: Sorge für ihn, und wenn du mehr für ihn brauchst, werde ich es dir bezahlen, wenn ich wiederkomme.

Was meinst du: Wer von diesen dreien hat sich als der Nächste dessen erwiesen, der von den Räubern überfallen wurde? Der Gesetzeslehrer antwortete: Der, der barmherzig an ihm gehandelt hat. Da sagte Jesus zu ihm: Dann geh und handle genauso."

Dieser Text setzt sich aus zwei Teilen zusammen, aus der Frage nach dem höchsten Gebot und der Geschichte vom Samariter. Dieser handelt aus Mitleid mit dem Halbtoten, während Priester und Levit an ihm vorübergehen. "Was muß ich tun, um das ewige Leben zu gewinnen?" Der Gesetzeslehrer kann diese Frage selbst beantworten - mit dem Doppelgebot der Liebe, in welchem jüdische *und* christliche Traditionen zusammenlaufen. Diese Geschichte ist also wenig geeignet, die Frage nach dem Proprium spezifisch *christlicher* Hilfsmotivation eindeutig zu klären. Und: gerade die mit dem Kult verbundenen Männer - Priester und Levit - unterlassen die Hilfeleistung. Da muß erst ein Samariter kommen, einer, der keine manifesten religiösen Motive zeigt - und als ganz profanes Vorbild wirkt.

Und doch:

Die *psychologische* Gefahr, daß der Helfer sich vom Hilfsbedürftigen nicht hinreichend abgrenzen kann (und sich darum verzehrt bis zum Burnout), bannt der Samariter. Er trennt sich unterwegs vom Überfallenen und folgt seinem eigenen Weg; er engagiert den Wirt der Herberge als einen weiteren Helfer und unterstützt ihn finanziell. Er praktiziert begrenzte Hilfe. Und das Doppelgebot der Liebe verlangt zwar uneingeschränkte Liebe zu Gott ("mit ganzem Herzen und ganzer Seele, mit all deiner Kraft und all deinen Gedanken"), aber *endliche* Liebe zum Nächsten ("Deinen Nächsten sollst du lieben wie dich selbst.").

Soziologisch bedeutet das Gebot der Nächstenliebe eine Begegnung auf gleicher Ebene, also gerade kein Gefälle. "Und wer ist mein Nächster?" So fragt der Gesetzeslehrer nach dem Empfänger der Hilfe. Im Anschluß an die Geschichte fragt Jesus, wer sich als der Nächste des Überfallenen erwiesen habe - als der Nächste gilt hier nicht der Empfänger der Hilfe, sondern derjenige, der Liebe schenkt. Einmal gilt der Hilfsbedürftige als mein Nächster, ein andermal ist der Helfende selbst der Nächste. Beide, Helfer und Beschenkter, sind also einander Nächste. Und beide sind marginalisiert: der eine durch den Überfall, der andere aufgrund seiner sozialen Rolle, denn ein Samariter hatte im judäischen Land einen minderen Status. Die sozial Mächtigeren dagegen, der Priester und der Levit, versagen.

Evolutionsbiologisch schließlich ist die Hilfe des Samariters eine Fehlinvestition, denn unwahrscheinlich sind sowohl seine genetische Verwandtschaft mit dem Hilfsadressaten als auch reziproker Altruismus - sie gehen jeweils ihrer Wege und werden sich kaum mehr begegnen. Die Perikope ist eingeleitet mit der Frage des Gesetzeslehrers: "Was muß ich tun, um das ewige Leben zu gewinnen?" Eine mögliche Antwort: Wenn du ewiges Leben suchst, also ein Leben jenseits des Selektionsprinzips, so handle antiselektionistisch: Rette das Verlorene, Armselige, Lebensuntüchtige! So handelt der Samariter - aber kaum aus spezifisch christlichen, sondern eher aus humanen Motiven.

Wie die theologieträchtige Frage nach dem ewigen Leben und das ganz menschliche Beispiel vom Samariter in dieser Perikope zusammenlaufen, so konvergieren christliche und ganz menschliche Hilfsmotivation. Welche Leitlinien christlichen Engagements lassen sich aus dieser Geschichte zur Hilfeleistung ableiten?

Vor *evolutionsbiologischem* Hintergrund ist es die antiselektionistische Suche nach dem Verlorenen, mit anderen Worten: die Option für die Armen im Sinne einer christlichen Ethik der Solidarität. Christliche Solidarität ist dabei weniger sozialer Kitt zum Zusammenhalt der eigenen Gemeinschaft, sondern richtet sich vielmehr auf die Armen, ob sie nun zur Kirche gehören oder nicht.

Vor *soziologischem* Hintergrund erscheinen die einander Nächsten als solche. Es erscheint das Gegenbild zur Herrschaftsausübung, die Option für die Armen und die Frage nach den Optionen der Armen selbst.

Vor *psychologischem* Hintergrund schließlich bezeugt der Text eine Liebe, die dem Fremden aufhilft, ohne den Liebenden zu überfordern. So hat der Samariter zweifellos eine Hilfeleistung erbracht, die das motivationspsychologische Kriterium der Fremddienlichkeit erfüllt - aber doch so, daß Fremd- und Selbsthilfe nicht gegeneinander ausgespielt werden, sondern zusammenspielen.-

Nach diesem Exkurs komme ich zum letzten noch ungenannten Bereich der Allgemeinen Psychologie, nämlich zur Sprachpsychologie, näherhin zu Sprechen und Sprachverstehen, also zu Sprach produktion und Sprachrezeption.

1.3.7.   Sprechen und Sprachverstehen

Einleitend möchte ich auf ein sprachpsychologisches Experiment aufmerksam machen[65]. Dabei wurden zunächst Filme vorgeführt - Filme, die Autounfälle zeigten. Danach waren etliche Fragen zu beantworten, insbesondere diese: Wie schnell fuhren die Autos ungefähr, als sie zusammenstießen?- Je stärker die verbale Suggestion während der Filmvorführung ausfiel, desto höher wurde die Geschwindigkeit der Unfallautos geschätzt; desto häufiger wurde auch die nach einer Woche gestellte Frage bejaht, ob im Film zerbrochenes Glas zu sehen war - tatsächlich war in keinem Film Glas zerbrochen. Diese einfache Untersuchung belegt, wie ich finde, eindrucksvoll, daß Sprache nicht nur beschreibende Funktion hat, nicht nur abbildet und in ein Abbild von Sätzen faßt, was wir in einem Urbild antreffen, das wir als wirklich bezeichnen. Sprache schafft vielmehr eine eigene Wirklichkeit, wie wir am Beispiel der verbalen Suggestion während des Filmexperiments sehen können. Und zugleich bleiben wir mit unserer Sprache oft hinter dem zurück, was wir meinen, etwa, wenn uns etwas unbeschreiblich vorkommt, uns die Worte fehlen. Wirkliches läßt sich begrifflich eben nicht restlos einholen. So gehen sprachpsychologische Konzeptionen Rainer Sachse zufolge davon aus, daß Sprechende immer mehr meinen, als sie sagen[66]. Er nimmt an, daß jede Person ein inneres Bezugssystem bzw. Bedeutungsstrukturen entwickelt, die aufgrund bestimmter Erfahrungen ausgebildet werden. Durch die Verarbeitung äußerer Ereignisse wie auch durch eigene Denkprozesse werden diese Strukturen aktiviert, so daß sich aus den jeweils aktivierten Aspekten eine sogenannte propositionale Basis herausbildet, welche das enthält, was eine Person zu einem bestimmten Thema meint. Aus dem wiederum, was sie meint, wählt sie schließlich aus, was sie tatsächlich zum Ausdruck

[65] s. Hans-Jürgen Göppner, Sprache, in: Jürgen Blattner, Balthasar Gareis & Alfred Plewa (Hrsg.), Handbuch der Psychologie für die Seelsorge, Bd. 1: Psychologische Grundlagen, Düsseldorf: Patmos, 1992, 197-211, 206.
[66] s. Rainer Sachse, Das Konzept des empathischen Verstehens in sprachpsychologischer Sicht: Klärung und Erweiterung des Verstehensbegriffs in der Gesprächspsychotherapie, in: Gesellschaft für wissenschaftliche Gesprächspsychotherapie (Hrsg.), Orientierung an der Person, Bd. 2: Jenseits von Psychotherapie, Köln: GwG, 1988, 162-173.

bringen möchte. Dieser wird in bestimmte Worte und in eine grammatische Struktur gebracht sowie mit verschiedenen Betonungen ausgestattet.

Die Aufgabe eines Gesprächspartners, einer Gesprächspartnerin besteht dann darin, aus den Aussagen einer Person das, was sie damit meint, zu erschließen und darüber hinaus ihr inneres Bezugssystem zu rekonstruieren. Diese Konzeption trifft sich mit der Position des schon genannten Philosophen Hans-Georg Gadamer, derzufolge einzelne Aussagen, einzelne isolierte Sätze als solche kein Verstehen ermöglichen, sondern erst aus ihren Voraussetzungen und motivationalen Grundlagen heraus erhellt werden können.

Gadamer selbst stellt Bezüge seines Sprachverständnisses zu psychotherapeutischen Verfahren her, wenn er von Störungen spricht, die ein kommunikatives Geschehen verhindern, und dabei explizit auch von seelischen Erkrankungen spricht[67]. Therapie bestehe hier in erneutem Sprechenlernen[68]. Sprechenlernen heißt, daß ich zur Sprache zu bringen, in Worte zu fassen versuche, was ich empfinde, was mich freut oder bedrückt. Dieses Aussprechen und Hinaussprechen erlaubt, daß meine Empfindungen in die soziale Resonanz zwischen (mindestens) zwei Menschen eintreten und auf diese Weise die ihnen zustehende Würdigung wirklich erfahren können.-

Bei dem Versuch der Rekonstruktion der propositionalen Basis einer anderen Person sind Seelsorgerinnen und Seelsorger, Therapeutinnen und Therapeuten auf die je eigenen Bedeutungsstrukturen angewiesen. Dieser Sachverhalt bringt Sachse zufolge "einerseits ein wesentliches therapeutisches Potential, andererseits auch die Gefahr des Mißverstehens"[69] mit sich. Ersteres besteht darin, daß "der Therapeut ... Bedeutungsaspekte heranzieht, auf die der Klient noch gar nicht gekommen ist"[70]; ein Mißverständnis kann allerdings daraus erwachsen, daß "der Therapeut den Klienten nicht mehr aus dessen, sondern aus seinen *eigenen* Voraussetzungen heraus versteht"[71], denn auch wenn Paraphrasierungen und andere Äußerungen zunächst

---

[67] s. Hans-Georg Gadamer, Wahrheit und Methode, Bd. 2: Ergänzungen, Register (Gesammelte Werke; Bd. 2), Tübingen: Mohr, 1986, 189.

[68] Nach Gadamer, Wahrheit und Methode, Bd. 2, a.a.O., 149, heißt dies "nicht: zur Bezeichnung der uns vertrauten und bekannten Welt in den Gebrauch eines schon vorhandenen Werkzeuges eingeführt werden, sondern es heißt, die Vertrautheit und Erkenntnis der Welt selbst, und wie sie uns begegnet, erwerben"; s. auch Klaus Kießling, "Wir suchen von dem Gespräch aus, das wir sind, dem Dunkel der Sprache nahezukommen". Philosophie des Gesprächs und der Sprache als Zugang zu personzentrierter Psychotherapie und Seelsorge, in: Wege zum Menschen 49 (1997) 319-339.

[69] Sachse, a.a.O., 168.

[70] Sachse, a.a.O., 168.

[71] Sachse, a.a.O., 169; Hervorhebung von mir.

60

zwangsläufig auf je eigenen Bedeutungsstrukturen beruhen, dürfen diese die Klientin bzw. den Klienten nicht festlegen oder vereinnahmen, sondern bedürfen der Zustimmung oder Ablehnung durch die Klientin, durch den Klienten im Gespräch.

Wichtig ist dabei auch das Hören auf das, was eine Person *nicht* sagt, vielleicht nicht sagen kann, da es dem Begriffslosen, dem Unerfaßbaren zugehört.

Wir haben anhand des Filmexperiments den Wirklichkeit schaffenden Charakter von Sprache kennengelernt, danach die Notwendigkeit des Sprechenlernens, wenn Sprechen hinter dem zurückbleibt, was wir meinen; Therapie als Sprechenlernen setzt auf Aussprache, auf "Hinaussprache" und die ordnende Kraft von Sprache. Mit anderen Worten - zusammenfassend: Sprache ist eine eigene, eine schöpferische Wirklichkeit; sie wirkt als Segen (benedictio) oder Fluch (male-dictio): als Segen, wenn wir etwa einem ängstlichen Menschen, der sich selbst nur wenig zutraut, Mut zu-sprechen oder den Wunsch aussprechen, ein Schutzengel möge ihn begleiten; als Fluch, wenn wir einen Menschen einen Nichtsnutz oder einen Versager nennen und ihn dies so spüren lassen, daß er wirklich mutlos wird.

Die biblischen Schöpfungsberichte offenbaren den schöpferischen und zugleich den ordnend-begreifenden Charakter von Sprache: Den schöpferischen Charakter von Sprache zeigt bereits Gen 1, 3: "Gott sprach: Es werde Licht. Und es wurde Licht." Die Fortsetzung in Gen 1, 4f macht den ordnenden Charakter der Benennung deutlich: "Gott sah, daß das Licht gut war. Gott schied das Licht von der Finsternis, und Gott nannte das Licht Tag, und die Finsternis nannte er Nacht."

Damit kam die Sprache, kamen Sprechen und Sprachverstehen jedenfalls andeutungsweise zur Sprache. Damit schließe ich zugleich den allgemeinpsychologischen Teil meiner Darstellung ab.

1.4.   Entwicklungspsychologie

Die Leitfrage der Psychologie, wie Menschen im Geflecht ihrer Wirklichkeitsverhältnisse und deren Störung zurechtkommen, gilt auch für die Disziplin der Entwicklungspsychologie, allerdings unter der Perspektive der Veränderung. Damit ist die hier einzuführende Disziplin jedoch noch nicht hinreichend bestimmt, da es um Veränderungen auch in anderen psychologischen Fächern geht, etwa in der schon bekannten Lernpsychologie, welche Veränderungen von Verhaltensweisen zu beschreiben vermag, die durch Prozesse der Konditionierung oder des Lernens am Modell herbeigeführt werden können, oder im Bereich der Psychotherapie, die ja ebenfalls durch Veränderungsprozesse gekennzeichnet ist und nur, wenn diese eintreten, gelingen kann. Spezifisch entwicklungspsychologisch ist lediglich die Untersuchung solcher seelischer Prozesse, die sich auf den *Lebenslauf* beziehen lassen. Die Erforschung und Beschreibung biographisch orientierter Veränderungen läßt sich auf zweierlei Weisen vornehmen, entweder nach Lebensphasen (wie Kindheit, Jugendalter, Erwachsenenalter und Alter) oder nach inhaltlichen Bereichen (wie Entwicklung des Denkens, Entwicklung der Emotionalität oder Entwicklung ethischer Argumentationsmuster).

Schon anhand der Auflistung unterschiedlicher Lebensphasen fällt auf, daß Entwicklungspsychologie sich auf die gesamte Lebensspanne erstreckt und sich nicht mehr auf Kindheit und Jugendzeit beschränkt. Die Gerontopsychologie gewann und gewinnt weiter besonders stark an Bedeutung[72], nicht zuletzt angesichts steigender Lebenserwartung.

1.4.1.   Biographische Notizen zu Jean Piaget

Als wichtigster Entwicklungspsychologe des zwanzigsten Jahrhunderts kann gewiß Jean Piaget gelten[73], der im Jahr 1896 in Neuchâtel geboren wurde. Nach seinem Studium in Biologie an der dortigen Universität wechselte er 1919 nach Paris, um dort einen Denk- bzw. Intelligenz-Test für französische Kinder zu standardisieren. Sein Interesse galt jedoch weniger der psychometrischen Methode, also dem quantitativen Erfassen von richtigen und falschen Antworten, sondern vielmehr den Denk*wegen*, die Kinder zu richtigen und insbesondere zu falschen Antworten führten. Dabei entwickelte Piaget seine klinische Methode, also Weisen der Befragung, wie sie für sei-

---

[72] s. Ursula Lehr, Psychologie des Alterns, 6. Auflage, Heidelberg: Quelle & Meyer, 1987; Gunther Haag & Johannes C. Brengelmann (Hrsg.), Alte Menschen. Ansätze psychosozialer Hilfen (IFT-Texte; Bd. 23), München: Röttger, 1991; Klaus Kießling, Gerontopsychologie, in: Walter Kasper u.a. (Hrsg.), Lexikon für Theologie und Kirche, Bd. 4, 3. Auflage, Freiburg i.Br. - Basel - Rom - Wien: Herder, 1995, 536.

[73] s. zum folgenden Jean Piaget, Biologie und Erkenntnis. Über die Beziehungen zwischen organischen Regulationen und kognitiven Prozessen (1967), Frankfurt am Main: Fischer, 1992; Walter Herzog, Wissensformen und didaktische Theorie, Teil 2 (Vorlesung an der Universität Bern im Sommersemester 1995), Bern: Studentische Buchgenossenschaft, 1995; Franz Buggle, Die Entwicklungspsychologie Jean Piagets, 3. Auflage, Stuttgart - Berlin - Köln: Kohlhammer, 1997.

ne qualitativen Analysen der Struktur des Denkens von Kindern und später auch von Jugendlichen charakteristisch werden sollten.

1921 kehrte Piaget in die Schweiz zurück, um in Genf zu arbeiten. Während der Jahre 1925 bis 1929 übernahm er eine Professur in Neuchâtel; diese Zeit widmete er insbesondere der Untersuchung der Geschichte des naturwissenschaftlichen Denkens sowie der Entwicklung des kindlichen Denkens. Diese Doppelung der Forschungsinteressen von Jean Piaget ist zum Verständnis seines Schaffens wichtig, da er Parallelen zwischen der Geschichte des naturwissenschaftlichen Denkens und der Entwicklung des kindlichen Denkens sah - Parallelen also zwischen Wissenschaftsgeschichte und Individualgeschichte, in biologischem Zusammenhang letztlich zwischen Phylogenese und Ontogenese.

Nach seinen Jahren in Neuchâtel wirkte er in Genf weiter, und zwar als Professor für Wissenschaftsgeschichte an der dortigen Naturwissenschaftlichen Fakultät, um weiter voranzukommen auf dem Weg zu einer *Epistemologie*, die sich auf die ontogenetische sowie auf die phylogenetische Entwicklung des Denkens gründen sollte. Epistemologie läßt sich als Erkenntnistheorie übersetzen. Allerdings ist das französische Wort *épistémologie* enger gefaßt als dessen deutsche Entsprechung; es meint eine Theorie der *wissenschaftlichen* Erkenntnis, ist also eher als Wissenschaftstheorie zu übersetzen. Vor diesem Hintergrund erhellt, wie Piaget *Intelligenz* versteht. Intelligenz meint die epistemische Kompetenz eines Menschen, also seine Fähigkeit, (natur-) wissenschaftlich zu erkennen.

Gegenstand von Piagets Epistemologie ist zunächst die Geschichte des wissenschaftlichen Denkens, welche allerdings nur in beschränktem Maße zugänglich ist. Insbesondere seine Anfänge liegen im dunkeln. Da es Piaget an Erkenntnissen zu dieser Etappe der Phylogenese mangelte, wandte er sich als Biologe der Ontogenese individueller Lebensläufe zu - und wurde auf diesem Wege Entwicklungspsychologe. Piaget war von seiner Ausbildung her Biologe und hatte Psychologie nie als Studienfach belegt. Aber der Frage nach einer Epistemologie ging er nach, indem er kindliche Prozesse untersuchte - seine Epistemologie erwies sich als Entwicklungstheorie, also als genetische Theorie. Piaget sprach darum von einer *épistémologie génétique*. Einen wichtigen Teil seiner Studien führte Piaget mit seinen eigenen drei Kindern durch, mit Lucienne, Jacqueline und Laurent.

In die von Piaget entwickelte Psychologie gingen methodische Konzepte ein, die aus der Biologie stammten, etwa die Idee der Parallelität von Phylo- und Ontogenese oder die Begriffe Assimilation und Akkommodation, auf die ich erläuternd zurückkommen werde. Während ihm die Biologie bei der Entwicklung seiner Psychologie also mit methodischen Konzepten diente, stammte von erkenntnistheoretischer Seite die Fragestellung, die Piaget in seiner entwicklungspsychologischen Forschung bewegte. Auf diese Weise entstand Piagets "Psychologie-Sandwich", das quasi die psychologische "Wurst" zwischen einer biologischen und einer erkenntnistheoretischen Brötchenhälfte verortet.

Erkenntnistheorie

↑↓   ← Fragestellung

Psychologie

↑↓   ← Methodik

Biologie

Allerdings wird dieses Bild Piaget insofern nicht gerecht, als er einen Zirkel der Wissenschaften postuliert, welcher die einzelnen Disziplinen rekursiv miteinander verknüpft[74].

Später lehrte Piaget neben Kinderpsychologie auch Soziologie (in Lausanne und Genf). Im Jahr 1955 wurde er der erste Direktor des interdisziplinären Zentrums für genetische Epistemologie in Genf. 1971 zog er sich von seiner Lehrtätigkeit zurück. 84jährig starb er 1980 in Genf.

Diese biographischen Notizen zu Piaget sind mir wichtig - nicht nur, weil er der wohl bedeutendste Entwicklungspsychologe des zwanzigsten Jahrhunderts war, sondern mehr noch, weil sie sichtbar machen können, daß ihm der Titel "Entwicklungspsychologe" allein gar nicht wirklich gerecht wird. Es war sein wissenschaftstheoretisches Interesse, das ihn als Biologen bewegte und von zunächst phylogenetischen zu ontogenetischen Fragestellungen führte, so daß er Entwicklungspsychologe wurde. Um Piaget verstehen zu können, braucht es, wie ich meine, die Würdigung dieses naturwissenschaftlichen Rahmens seines Suchens und Forschens.

---

[74] s. Reto Luzius Fetz, Kreis des Verstehens oder Kreis der Wissenschaften? Anthropologie im Spannungsfeld von Philosophie und Wissenschaft, in: Freiburger Zeitschrift für Philosophie und Theologie 26 (1979) 163-201.

1.4.2. Einige Grundbegriffe
der Entwicklungspsychologie Jean Piagets

Vor diesem Hintergrund können wir uns im folgenden einigen Grundbegriffen der Entwicklungspsychologie Piagets sowie seinem Entwicklungskonzept zuwenden. Grundbegriffe sind Assimilation und Akkommodation, Adaptation und Äquilibration sowie Intelligenz. Dabei haben wir den Begriff der *Intelligenz* bereits kennengelernt - als sogenannte epistemische Kompetenz, also als Fähigkeit, (natur-) wissenschaftlich zu erkennen.

Assimilation und *Akkommodation* sind biologische Begriffe. Die genetische Epistemologie fragt nach dem Werden, also nach Entstehung und Entwicklung von Erkennen und Denken - danach, wie sich der Übergang von einer bestimmten Stufe der Erkenntnis zu einer Stufe vollzieht, die als höher eingeschätzt werden kann. Da dieser Übergang sich in der Phylogenese nicht beobachten und beschreiben läßt, verfolgt ihn die genetische Epistemologie an der Entwicklung des Denkens eines Kindes.
Dabei versteht Piaget einen Menschen nicht als denkendes Ich im Sinne Descartes', auch nicht als gedankenlose Maschine im Sinne Skinners, sondern als organismische Lebendigkeit. Für Piaget hängen erkenntnistheoretische und biologische Fragen eng zusammen, insofern sie genetisch aufeinander bezogen sind: Das Epistemische erwächst evolutiv aus dem Organismischen. Intelligenz, wie Piaget sie versteht, ist eine evolutionsgenetische Weiterführung organismischer Anpassungsprozesse mit anderen, eben mit epistemischen Mitteln.
Assimilation und Akkommodation sind Weisen der organismischen Anpassung, mit anderen Worten die beiden Hauptformen der Selbstregulation eines Lebewesens. Für Piaget, für den die lebende Organisation weitgehend aus Selbstregulation besteht, gehört der Gedanke der Selbstorganisation zum Begriff des Lebens[75]. Die Umwelt eines Lebewesens sowie das Verhalten dieses Lebewesens verändern sich fortwährend. Geschieht die Anpassung so, daß das Umweltgeschehen den Strukturen des Organismus angepaßt wird, diesem gleichsam einverleibt wird, so spricht Piaget von Assimilation. Assimilation bedeutet also eine *Bewahrung* organismischer Strukturen, wohingegen Akkommodation deren *Veränderung* mit sich bringt. Akkommodation findet statt, wenn der lebende Organismus und seine Strukturen sich ihrerseits an Eigenschaften des Umweltgeschehens anpassen.

---

[75] s. Walter Herzog, Das moralische Subjekt. Pädagogische Intuition und psychologische Theorie, Bern - Göttingen - Toronto: Huber, 1991, 242.

Ein Beispiel: Die mechanische Zerkleinerung der in der Umwelt gesammelten Nahrung ist ein Assimilationsprozeß, da der Organismus sich die Nahrung in der Weise passend macht, daß er sie mit seinen Möglichkeiten aufnehmen, sich einverleiben kann. Umgekehrt aber ist das "Zahnen" der Kleinkinder ein Akkommodationsprozeß: Die Eigenschaften des Organismus verändern sich mit dem Ziel der Anpassung an in der Umwelt gegebene Produkte.

Für Piaget sind Assimilation und Akkommodation zwei Formen der Anpassung. Der Begriff der *Adaptation* ist insofern dem der Anpassung vorzuziehen, als Anpassung im Sinne sozialer Anpassung mit negativen Assoziationen belastet ist - im Sinne von anpaßlerischem Konformismus. Adaptation umfaßt die beiden Möglichkeiten der Assimilation und der Akkommodation.

Äquilibration gewinnt den Charakter eines Ausgleichs zwischen Bewahrung und Veränderung, zwischen Assimilation und Akkommodation organismischer Strukturen. Ohne Akkommodation fände keine Entwicklung statt - die Widerständigkeit der Umwelt, die sich der Assimilation, der Einverleibung durch den lebenden Organismus entzieht, nötigt den Organismus zur Selbstmodifikation, zur Akkommodation. Assimilation und Akkommodation spielen zusammen - mit dem Ziel, ein Gleichgewicht zwischen beiden Formen der Adaptation anzustreben, also eine Äquilibration zu erzielen.

Ungleichgewichte, die Entwicklung anstoßen können, sind unterschiedlicher, näherhin dreifacher Art. Da sind erstens Ungleichgewichte aufgrund *äußerer* Störungen, also Widerstände in der Umwelt, die eine Assimilation verhindern und nach Akkommodation des Organismus an seine Umwelt verlangen. Da sind zweitens Ungleichgewichte zwischen kognitiven Subsystemen des Organismus, die nicht miteinander zu koordinieren sind - also *innere* Ungleichgewichte, innere Widersprüche. Und da sind drittens Ungleichgewichte zwischen der kognitiven Gesamtstruktur und kognitiven Teilstrukturen eines Organismus, also wiederum *innere* Ungleichgewichte, innere Widersprüche.- Ungleichgewichte aufgrund äußerer Störungen und Widerstände regen Entwicklung an, insofern sie eine Handlungshemmung provozieren, die ein Mensch als Nichtanpassung und Einengung der eigenen Lebensmöglichkeiten erleben kann. Innere Ungleichgewichte zwischen verschiedenen kognitiven Subsystemen oder zwischen kognitivem Gesamt- und Teilsystem eines Organismus sind Widersprüche im Denken, die wir jeweils selbst oft gar nicht bemerken. Häufig braucht es den Kontakt, die Interaktion mit anderen Menschen, braucht es ihren Widerspruch, damit wir diese inneren Widersprüche aufdecken und unsere - oft verdrängten - inneren Ungleichgewichte in einen Äquilibrationsprozeß überführen können.

Die Bedeutung sozialer Beziehungen für die menschliche Entwicklung zu immer neuer Äquilibration betone ich, um dem Mißverständnis entgegenzuwirken, menschliche Entwicklung sei ein Reifungsprozeß, der sich *unabhängig* von der Umwelt des heranreifenden Organismus vollziehen könne. Es braucht vielmehr äußere Ungleichgewichte, die einen Organismus zu Akkommodationsprozessen drängen, und Mitmenschen, die gegen innere Ungleichgewichte Widerspruch erheben, wenn selbstregulierende und selbstorganisierende Prozesse überhaupt in Gang kommen sollen. Andernfalls müßten Erziehung und Unterricht in ihrer Bedeutung massive Einbußen hinnehmen!

Soviel zu einigen Grundbegriffen der Entwicklungspsychologie Piagets.

1.4.3. Hauptzüge des Entwicklungskonzepts Jean Piagets

Vor diesem Hintergrund können wir uns nun dem Entwicklungskonzept Jean Piagets zuwenden. Er unterscheidet vier Stufen der kognitiven Entwicklung:
- die Stufe der sensomotorischen Intelligenz,
- die Stufe des voroperationalen Denkens,
- die Stufe der konkreten Operationen sowie
- die Stufe der formalen Operationen.

Die *Stufe der sensomotorischen Intelligenz* im Alter bis zu zwei Jahren richtet sich auf den Umgang mit konkreten Dingen im äußeren Anschauungsraum, auf das *Begreifen* von Gegebenem, beginnend beim angeborenen Greifreflex. Es handelt sich um eine Vorstufe des späteren Denkens, insofern aus dem handgreiflichen Begreifen der sensomotorischen Intelligenz ein erkennendes Begreifen reiferer Entwicklungsstufen erwächst. In der sensomotorischen Phase existieren die unmittelbar gegebenen Dinge nur so lange, wie sie durch die kindliche Wahrnehmung zugänglich sind, wie sie also gesehen, gefühlt, gerochen, geschmeckt, gehört, ertastet werden. Was ich nicht mit meinen Sinnen wahrnehme, existiert gar nicht.
Ein dominierendes Merkmal der sensomotorischen Entwicklungsstufe ist der nach Piaget so bezeichnete *Egozentrismus*, der dem Kind nicht erlaubt, seine Welt aus der Perspektive anderer Menschen wahrzunehmen. Die ichzentrierte Wahrnehmung unterbindet die Erkenntnis, daß andere Menschen anders sehen als das Ego, als ich. Egozentrismus meint also keine bewußte Zentrierung auf das eigene Ich; denn das Kind vermag verschiedene Per-

spektiven noch gar nicht zu differenzieren. Mit der Bewußtwerdung des Egozentrismus geht bereits seine Zerstörung einher.-

In der Welt eines Neugeborenen sind die darin auftauchenden Dinge nur existent, solange sie wahrnehmbar sind. Ihnen kommt also keine darüber hinausgehende dauerhafte Existenz zu. Solche *Permanenz der Objekte* auch außerhalb ihrer Wahrnehmbarkeit durch das kindliche Subjekt ergibt sich erst am Ende der sensomotorischen Phase. Dabei fungiert die Möglichkeit der *Nachahmung* sozusagen als Vehikel des Übergangs zum voroperationalen Denken. Denn die Nachahmung einer Handlung oder eines Ereignisses ist eine erste Vorform späterer symbolischer Vergegenwärtigungen. Nachahmung ist noch sinnlich wahrnehmbar; als zeitlich zunehmend aufschiebbare Nachahmung wird sie jedoch immer unabhängiger von der Präsenz des so Dargestellten. Die Nachahmung, welche in Abwesenheit des imitierten Modells erfolgen kann, setzt bereits die Existenz innerer Bilder, symbolischer Vergegenwärtigungen voraus.

Die *Stufe des voroperationalen Denkens* bezieht sich nun ihrerseits auf die Entwicklung dieser Symbolfunktion, also der Fähigkeit, Bezeichnendes (ein Bild, ein Symbol, ein Zeichen) und Bezeichnetes (in der Umwelt gegebene Dinge und Beziehungen) voneinander zu unterscheiden und zugleich aufeinander beziehen zu können. So kann etwa ein Holzstück als Lokomotive Verwendung finden oder ein Auto darstellen.

Ein anderes Beispiel aus eigener Erfahrung mit der dreijährigen Luca: Ihr dient Sand als Kuchenteig. Sand und Teig lassen sich aufeinander beziehen, insofern sie den Sand in eine Kuchenform füllt, ihn bäckt in einem Ofen, den ihr Vater ihr aus Holz gebaut hat, und mir den im Spiel gebackenen Sand in der Kuchenform anbietet mit den Worten: "Guten Appetit, Klaus!" Sand und Teig werden aber nicht nur aufeinander bezogen, sondern zugleich unterschieden. Denn in dem Moment, in dem Luca mir den Sandkuchen auftischt und ich - weil ich kein Spielverderber sein will - ansetze, davon etwas zum Mund zu führen, belehrt sie mich sofort mit sorgenvoller Miene: "Nicht essen! Das ist doch gar kein richtiger Kuchen!"

Mit dem hohen Grad an Konkretheit, an Verhaftetheit an die unmittelbar wahrzunehmende Wirklichkeit hängt ein wichtiges Merkmal voroperationalen Denkens zusammen, seine sogenannte *Zentrierung*. Unter Zentrierung versteht Piaget die Fokussierung der kindlichen Aufmerksamkeit auf jeweils dasjenige Merkmal eines Objekts, welches in besonderer Weise hervortritt, sozusagen ins Auge sticht. Das Kind vermag noch nicht zu *dezentrieren*, sich aus der Fesselung durch das jeweils augenfälligste Merkmal eines Objekts wahrnehmend und denkend zu lösen, wie Piagets Umschüttversuche eindrücklich zeigen.

Zwei Gläser A1 und A2 von gleicher Form und Größe werden mit der gleichen Flüssigkeitsmenge gefüllt. Die Frage, ob in beiden Gläsern die gleiche Menge Flüssigkeit enthalten ist, bejaht ein vierjähriges Kind.- Der Inhalt von A2 wird - für das Kind sichtbar - in ein schmäleres Glas B umgeschüttet, so daß die Flüssigkeitssäule in B höher ist als in dem unverändert gefüllten Glas A1. Das Kind konstatiert nun eine größere Menge an Flüssigkeit in B, "weil es höher ist". Die Wahrnehmung des Kindes ist zentriert auf das Merkmal "Höhe der Flüssigkeitssäule", ohne - dezentrierend - die Abnahme des Durchmessers (und damit der Grundfläche) des Gefäßes zu berücksichtigen.- Mit zunehmend geringerem Durchmesser von B kann die Zentrierung auf das nun immer auffälliger werdende Merkmal der Schmalheit von B übergehen, so daß das Kind nun angibt, in B sei weniger Flüssigkeit enthalten, "weil es dünner ist". Die Zentrierung auf die Höhe der Flüssigkeitssäule wird also abgelöst durch eine Zentrierung auf deren Breite. Damit erfolgt bereits eine erste Regulierung, also eine Zwischenstufe, die nicht mehr - wie noch beim frühen voroperationalen Denken - auf ein einziges Merkmal, etwa die Höhe, fixiert bleibt und durch den Wechsel der Zentrierung auf ein anderes Merkmal, etwa die Schmalheit, eine später mögliche dezentrierende Operation zumindest ankündigt. Diese Zwischenstufe läßt sich als anschauliches Denken bezeichnen, das noch der voroperationalen Entwicklungsstufe zuzurechnen ist.

Ab etwa sieben Jahren, so Piaget, setzt die *Stufe der konkreten Operationen* ein. Der Begriff der Operation deutet an, daß Piaget Erkennen als eine Tätigkeit versteht, Denken als Handeln faßt. Das Denken vermag zu dezentrieren, im Falle der Umschüttversuche also zu erkennen, daß die Flüssigkeitsmenge erhalten bleibt. *Invarianzen* werden dem Kind sichtbar, wenn es aufgrund der Fähigkeit zur Dezentrierung vom jeweils hervorstechenden Merkmal die ausgleichende Funktion eines ebenfalls zugehörigen, wenn auch wahrnehmungsmäßig zurücktretenden Merkmals in sein Denken einzubeziehen vermag: Das zur Dezentrierung fähige Kind weiß die wachsende Höhe der Flüssigkeitssäule gegen ihre geringer werdende Breite abzuwägen. Hinzu tritt die *Reversibilität* des operationalen Denkens; gemeint ist die Fähigkeit, eine Handlung in beiden Richtungen auszuführen, also den Prozeß des Umschüttens rückgängig zu machen und die Flüssigkeit wieder ins ursprüngliche Gefäß A2 zu schütten und dabei die Invarianz der Flüssigkeitsmenge klar zu erkennen.

In der laut Piaget ab etwa elf Jahren einsetzenden *Stufe der formalen Operationen* löst sich das Denken von seiner engen Bindung an die jeweiligen konkreten Inhalte. Es schreitet unter wachsender Systematisierung kognitiver Vorgänge vom konkret Wirklichen zum weiteren Bereich des hypothetisch Möglichen und Abstrakten voran, vom Hier und Jetzt zu räumlich und zeitlich immer weiteren Horizonten. Formallogisches Denken, mathematisches und hypothetisch-deduktives Denken sind Operationen, die Heranwachsende in dieser Phase ihrer Entwicklung auszuführen vermögen.

Soviel zu Piagets Entwicklungskonzept und zur Entwicklungspsychologie insgesamt. Im Rahmen der Religionspsychologie werden wir auf die hier in groben Zügen skizzierten Ansätze zurückkommen und an ihnen anknüpfen.

1.5.   Persönlichkeitspsychologie

1.5.1.   "Persönlichkeit"

Wir kennen "Persönlichkeiten" des öffentlichen Lebens, etwa des politischen oder des kirchlichen Lebens; oder wir sprechen anerkennend von einer "Persönlichkeit", wenn wir von einem uns beeindruckenden Menschen erzählen. Und schon beim Beobachten der ersten Entwicklungsschritte eines Neugeborenen - wie sich ein eigener Gesichtsausdruck, eine eigene Mimik ausbildet, wie das Kind sich bewegt, agiert und reagiert, eigene Ansprüche anmeldet - stellen wir bisweilen staunend fest: "Er (oder sie) ist schon eine richtige kleine Persönlichkeit."
Persönlichkeit - eine Bezeichnung, wie sie uns in unserer Alltagssprache geläufig ist, und zugleich ein Konstrukt, das im Rahmen wissenschaftlicher Psychologie eine bedeutsame Rolle spielt, und dies wohl schon seit langem. Denn die Fragen nach Persönlichkeit, nach menschlicher Natur und individuellen Differenzen, nach dem Zueinander von Leib und Seele durchziehen die abendländische Geschichte[76].
So ist es für Plato (427-347) die menschliche Psyche, die die Welt der Ideen und die Welt der Erfahrungen überbrückt. Und schon Plato schlägt eine Dreiteilung dieser Psyche vor, eine Dreiteilung in einen denkenden Teil, der ihm am wichtigsten erscheint und im Kopf seinen Sitz hat, einen mutartigen Teil in der Brust- und Herzgegend sowie einen begehrlichen Teil, den Plato

---

[76] s. zum folgenden Alan O. Ross, Personality. The Scientific Study of Complex Human Behavior, New York: Holt, Rinehart & Winston, 1987, 47-75.

unter dem Zwerchfell lokalisiert und mit dem geringsten Wert versieht. Letzterer steht für die Leidenschaftlichkeit der Seele, welche unter Anleitung des Kopfes durch den Mut gezügelt werden soll.

Eine Dreiteilung mit vergleichbarer Struktur findet sich auch in der Psychodynamik des 20. Jahrhunderts[77], also in der Struktur der Persönlichkeit, wie sie Sigmund Freud (1856-1939) konzipierte. Sie setzt sich zusammen aus einem *Es*, das gleichsam die Persönlichkeit des Neugeborenen ausmache, aus einem *Ich*, welches sich aus jenem Es entwickele, und einem daraus hervorgehenden *Über-Ich*. Das Es ist die Energiequelle eines Menschen und arbeitet nach dem Lustprinzip. Das Ich erkennt, daß Wünsche angesichts einer äußeren Realität nicht immer sofort befriedigt werden können, arbeitet also nach dem Realitätsprinzip. Das Ich vermittelt zwischen der Instanz des ungeduldigen Es und der äußeren Realität sowie zwischen Es und urteilendem Über-Ich. Letzterem wohnen elterliche und gesellschaftliche Werte inne. Das Über-Ich setzt sich aus zwei Subsystemen zusammen: aus einem *Ich-Ideal*, welches belohnend wirkt, wenn es eine "reale" Entsprechung findet, und dem *Gewissen*, welches bestrafend wirkt bei Zuwiderhandlungen gegen Werte, welche das Über-Ich vertritt.- Während des Kampfes an verschiedenen Fronten kann es zu vielfältigen Spannungen kommen, die beim Ich Angst auslösen und in deren Gefolge Abwehrmechanismen in Gang setzen. Dabei handelt es sich um unbewußt operierende Taktiken, die das Ich schützen, dabei aber zu Selbsttäuschungen führen können. Einige davon werde ich an späterer Stelle anführen.

In der aktuellen Psychologie soll mit Hilfe des Konstrukts der Persönlichkeit geklärt werden, *wie* Prozesse menschlichen Verhaltens und Erlebens ablaufen[78]. Während wir im Alltag konkrete *Einzelpersonen* als Persönlichkeiten bezeichnen, ist das psychologische Konstrukt der Persönlichkeit ein *Abstraktum*. Persönlichkeitsforschung untersucht inter- und intraindividuelle Unterschiede zwischen Personen und Personengruppen. *Inter*individuelle Differenzen beziehen sich auf Unterschiede zwischen verschiedenen Menschen, *intra*individuelle Differenzen sind Veränderungen, die sich in *einem* Individuum abspielen. Die Persönlichkeitspsychologie hat daher die Aufgaben, Persönlichkeitsmerkmale zu *beschreiben*, inter- und intraindividuelle Unterschiede zu *erklären*, zukünftiges individuelles Verhalten zu *prognosti-*

---

[77] s. Ross, a.a.O., 76-107.

[78] s. Hartmut Häcker, Persönlichkeit, in: Roland Asanger & Gerd Wenninger (Hrsg.), Handwörterbuch Psychologie, 4. Auflage, München - Weinheim: Psychologie-Verlags-Union, 1988, 530-535.

zieren und *Änderungen* von Personmerkmalen über die Zeit hinweg zu *analysieren*.

Diese *differentielle* Psychologie deckt also Unterschiede zwischen und innerhalb von Individuen auf, bestimmt das Ausmaß dieser Unterschiede, stellt Konstrukte zur Beschreibung, Messung, Analyse und Vorhersage dieser Differenzen bereit und sucht Wege zur Aufklärung der Ursachen für diese Differenzen - damit zeigt sie andere Absichten als die *allgemeine* Psychologie, welche allgemeingültige Gesetze des Verhaltens und Erlebens erforscht.

Im Rahmen der Perspektiven, welche Persönlichkeitstheorien eröffnen, sollen inter- und intraindividuelle Unterschiede in Modelle integriert werden, welche theoretisch plausibel erscheinen und für weitere empirische Forschung orientierend wirken können.

Der Forschungsprozeß gestaltet sich dabei zirkulär: Empirische Sachverhalte lassen sich zu hypothetischen Konstrukten abstrahieren. Diese wiederum haben sich in weiteren empirischen Untersuchungen zu bewähren, oder sie werden korrigiert. Dabei kommen empirische Sachverhalte dank *quantitativer* Forschungsmethoden zustande, sofern es meßbare Dimensionen der Persönlichkeit zu erfassen gilt, sowie dank *qualitativer* Untersuchungsstrategien zum Zwecke einer Personenbeschreibung, einer phänomenologisch oder psychodynamisch orientierten Analyse.

Persönlichkeitstheorien lassen sich in fünf verschiedene Perspektiven unterteilen[79], nämlich in die Dispositions-, die psychodynamische, die phänomenologische, die lerntheoretische und die Informationsverarbeitungsperspektive.

1.5.2.   Persönlichkeitstheoretische Perspektiven

1.5.2.1.   Zur Dispositionsperspektive

Von Dispositionen war bereits im Rahmen der Motivationspsychologie die Rede. Eine Persönlichkeit zeichnet sich in dieser Perspektive als Zusammenspiel verschiedener Dispositionen aus, die sich ihrerseits durch ihre zeitliche Stabilität und ihren situationsübergreifenden Charakter umschreiben lassen.

---

[79] s. zum folgenden Charles S. Carver & Michael F. Scheier, Perspectives on Personality, Boston - London - Sydney - Toronto: Allyn and Bacon, 1988.

72

Dispositionen meinen also Eigenschaften oder Hauptzüge, "Traits" oder Charakteristika einer Persönlichkeit. Dieser Ansatz, der, wie sogleich deutlich werden wird, auf psychophysische Zusammenhänge anspielt, kennt Traditionen aus vorchristlicher Zeit. Der Arzt Hippokrates (460-377) etwa geht davon aus, daß ein Überschuß in einem der vier menschlichen Körpersäfte das Temperament eines Menschen disponiert. Die vier Körpersäfte sind Blut, Schleim, schwarze und gelbe Galle; die daraus resultierenden Temperamente oder Dispositionen sind als sanguinisch, phlegmatisch, melancholisch und cholerisch bekannt[80].

Wie schon im Rahmen der Motivationspsychologie erwähnt, haben persongebundene Dispositionen ihr Pendant in situationistischen Ansätzen. Beide spielen in sogenannten interaktionistischen Modellen zusammen, die sich der Wechselwirkung von Person und Situation widmen. Daraus erhellen auch die Möglichkeiten der Veränderung einer Persönlichkeit. Traits bzw. Dispositionen lassen sich nicht modifizieren, allenfalls ihre Auswirkungen auf konkretes Verhalten und Erleben. Ein interaktionistisches Modell jedoch erlaubt Veränderungen, sofern situative Zusammenhänge veränderlich oder auch vermeidbar sind.

1.5.2.2. Zur psychodynamischen Perspektive

Als historischer Kontext dieses Ansatzes läßt sich die viktorianische Ära einer muffig-heuchlerisch-selbstzufriedenen Gesellschaft ausmachen, deren Glauben an ihre eigene Rationalität Sigmund Freud schwer erschütterte. Die Annahme unbewußter und unkontrollierbarer Triebe ist laut Freud das dritte Trauma, das die menschliche Persönlichkeit heimsuche nach der kopernikanischen Entdeckung, daß die Erde nicht Zentrum des Universums sei, und nach Darwins Lehre, wonach der Mensch vom Tier abstamme.

Mit dem Unbewußten ist ein topographisches Modell angesprochen, auf welchem die psychodynamische Perspektive basiert: *Bewußtes* sind momentan gewahre Gedanken, Gefühle und Handlungen. *Vorbewußtes* hat seinen Sitz im Gedächtnis, aus dem es sich mit einer gewissen Anstrengung abrufen läßt. "Mir liegt's auf der Zunge" - diese Wendung zielt auf solchermaßen Vorbewußtes. *Unbewußtes* umfaßt all die Gedanken, Gefühle und Handlungen, die aus dem bewußten und dem vorbewußten Bereich ferngehalten

---

[80] s. Ross, a.a.O., 47-75.

werden, weil sie mit Angst, Schmerz und Konflikten verbunden sind.

Ein Austausch findet zwischen bewußten und vorbewußten Prozessen statt. Zum Unbewußten laufen jedoch nur Einbahnstraßen: Bewußtes und Vorbewußtes kann aufgrund seiner Bedrohlichkeit in das Unbewußte absinken und dort agieren. Eine Rückkehr aus dem Unbewußten in vorbewußte oder gar bewußte Bereiche erfolgt jedoch nicht; ein Zugang zum Unbewußten kann aber gebahnt werden, die Durcharbeitung unbewußter Konflikte kann gelingen auf dem Königsweg des Traums, sofern er - oft verschlüsselte - Botschaften aus dem Unbewußten mitteilt, oder auf dem Weg des unzensierten freien Assoziierens im Rahmen einer Psychoanalyse.

Im Blick auf das bereits eingeführte Drei-Instanzen-Modell von Es, Ich und Über-Ich ergibt sich für die verschiedenen Bewußtseinsebenen, daß das Es nur im Unbewußten agiert, wohingegen Ich und Über-Ich auf allen drei Ebenen arbeiten.

Unbewußt operieren die schon angekündigten Abwehrmechanismen, beispielsweise die *Verdrängung*, welche Es-Impulsen entgegentritt und dafür viel psychische Energie aufwendet, die dann nicht mehr für bewußt gewählte Ich-Prozesse verfügbar ist; die *Projektion* eigener nicht akzeptierter Es-Impulse auf andere Personen, bei denen sie umso heftiger bekämpft werden; die *Rationalisierung*, also das Schaffen rationaler, wenn auch unzutreffender Erklärungen und Entschuldigungen für eigenes sozial nicht akzeptiertes Verhalten oder für Mißerfolge eigenen Verhaltens, wenn etwa der abgewiesene Verehrer behauptet, er möge die Frau sowieso nicht; die *Verschiebung* von unterdrückten Aggressionen auf schwächere Unbeteiligte, etwa von gegen einen Vorgesetzten gerichtete Wut auf die eigenen Kinder.

Zusammenfassend läßt sich Persönlichkeit in der hier diskutierten Perspektive umschreiben als ein Bündel von internen, eben psychodynamischen Kräften, die manchmal zusammenwirken, manchmal aber auch konkurrieren und miteinander in Konflikt geraten.

1.5.2.3.   Zur phänomenologischen Perspektive

Die phänomenologische Perspektive schöpft aus Quellen, für die insbesondere die Namen Edmund Husserl (1859-1938) und Martin Heidegger (1889-1976) stehen. Die phänomenologische Bewegung wirkte auch auf Psychologie und Psychotherapie, deutlich etwa auf die Entwicklung humanistisch-

psychologischer Konzepte[81], die die Einzigartigkeit jeder einzelnen Persönlichkeit herausstellen. Zur Humanistischen Psychologie zählt die Gesprächspsychotherapie[82].

Gesprächspsychotherapie ist eine von Carl Rogers (1902-1987) begründete
phänomenologische Form der Psychotherapie. Sie basiert auf dem sogenannten *Selbstkonzept.* Dieses kennzeichnet die durch Erfahrung geprägte
Weise, wie eine Person sich in ihrer Welt wahrnimmt, also in ihren Charakteristika und Fähigkeiten, in ihren Beziehungen zu ihrer Mit- und Umwelt,
sowie ihre Ziele und Ideale. Dieses Selbstkonzept unterliegt fortwährenden
Veränderungen. Am Selbstkonzept vollzieht sich der Prozeß des seelischen
Wachsens. Aber es kommt, insbesondere bei besonderen Lebensereignissen,
immer wieder zu vielfältigen und ganz unterschiedlichen Erfahrungen, die
mit meinem bisherigen Selbstkonzept, meiner Erfahrung und meinen Wert-
vorstellungen kollidieren. Durch angstbesetzte Abwehr dieser mir bisher
fremden Erfahrungen kommt es zunächst zu einer Verstörung des Selbst-
konzeptes, schließlich zu leidvoller *Inkongruenz,* also zu einem Auseinan-
derklaffen zwischen meinem bisherigen Selbstkonzept und meinem aktuellen Erleben und Erfahren. Mein Organismus antwortet auf die zunächst un-
terschwellige Wahrnehmung dieses Klaffens mit Abwehr, schließlich mit
spürbarer Angst.
Welche Hilfe kann mir in einer solchen Situation zuteil werden? Der Prozeß
einer Gesprächspsychotherapie basiert auf der Beziehung zwischen einer
Klientin, einem Klienten einerseits und einer Therapeutin, einem Therapeuten und verschiedenen therapeutischen Grundhaltungen andererseits. Dazu
gehört erstens die Echtheit, also die Transparenz des Therapeuten in seinen
Gefühlsäußerungen, sofern sie ihm für die Beziehung zu seinem Klienten
bedeutsam erscheinen, und der Verzicht auf eine professionelle Fassade;
zweitens die Wertschätzung, also der Respekt vor und das Vertrauen in die
Möglichkeiten des Klienten, so daß dieser sich mit seinem Selbstkonzept
auseinandersetzen und dieses neu strukturieren kann, und drittens die Empathie[83]: Dieses verstehende Einfühlen meint kein echoartiges Wiederholen
von inhaltlichen Äußerungen eines Klienten, sondern eine Bewegung, in der

---

[81] s. Helmut Quitmann, Humanistische Psychologie. Zentrale Konzepte und philosophischer
Hintergrund, Göttingen - Toronto - Zürich: Hogrefe, 1985.
[82] s. Klaus Kießling, Gesprächspsychotherapie, in: Walter Kasper u.a. (Hrsg.), Lexikon für
Theologie und Kirche, Bd. 4, 3. Auflage, Freiburg i.Br. - Basel - Rom - Wien: Herder, 1995,
599-600.
[83] s. Klaus Kießling, Empathie, in: Walter Kasper u.a. (Hrsg.), Lexikon für Theologie und
Kirche, Bd. 3, 3. Auflage, Freiburg i.Br. - Basel - Rom - Wien: Herder, 1995, 629-630.

ein Therapeut sich auf das Erleben und dessen Bedeutung für den Klienten einläßt, ihn in seiner Welt zu verstehen sucht und dennoch sich selbst treu bleibt. Ein Klient, der durch aktives Zuhören und interessierte Rückfragen des Therapeuten behutsam, aber unablässig mit sich selbst konfrontiert wird, kann Mut fassen, sich in seiner Welt wie ein Forscher in (noch) unbekannten Gegenden zu bewegen und aus dem ihm entgegengebrachten Vertrauen heraus (neu) an die seiner Persönlichkeit gegebenen Möglichkeiten zu glauben.

1.5.2.4. Zur lerntheoretischen Perspektive

Zur lerntheoretischen Perspektive zählen insbesondere Konditionierungstheorien sowie sozial-kognitive Lerntheorien, etwa das Lernen am Modell. Diese Perspektive haben wir bereits im Rahmen der Allgemeinen Psychologie kennengelernt. Sie basiert auf der Annahme, daß Verhaltensweisen erlernt werden, daß Verhaltensänderungen durch Lernprozesse eingeleitet werden und zeitstabil erfolgen, daß Verhalten auch wieder verlernt werden kann - und zwar in gesetzmäßiger und vorhersagbarer Weise.
Auf lerntheoretischen Perspektiven basiert das Konzept der Verhaltenstherapie.

1.5.2.5. Zur Informationsverarbeitungsperspektive

Menschliches Verhalten zu verstehen, meint in dieser Perspektive, menschliche Prozesse der Informationsverarbeitung zu verstehen. Als Information gilt dabei alles, was Unsicherheit reduziert. Diese Prozesse lassen sich einbetten in ein sogenanntes Rückkoppelungssystem, das etwa folgendermaßen arbeitet. "Input" ist eine Wahrnehmung, welche einem sogenannten Komparator zugeführt wird, der einen Vergleich vornimmt - zwischen dieser Wahrnehmung und einem Bezugswert. Entsprechen Wahrnehmung (Ist-Wert) und Vergleichsstandard (Soll-Wert) einander, findet keine Veränderung statt; entsprechen beide Seiten einander jedoch nicht, kommt es zu einem veränderten Verhalten ("Output") - mit dem Ziel einer Minimierung von auftauchenden Diskrepanzen.
So arbeitet beispielsweise ein Thermostat, der bei Diskrepanzen zwischen einem Ist-Wert und einem Soll-Wert die Belüftung oder die Heizung anwirft. So verhalten sich manche Personen, wenn sie ihre Wohnung verlas-

sen: Dem Blick in den Spiegel folgt der Vergleich der Selbstwahrnehmung im Spiegel mit dem eigenen Soll-Wert. Tauchen keine Diskrepanzen auf, folgt der Schritt nach draußen; andernfalls kämmt, wäscht, schminkt, richtet sich die Person zurecht - so lange, bis die wahrgenommene Ist-Soll-Diskrepanz gewichen ist.

Auch psychotherapeutische Prozesse lassen sich als Rückkoppelungsprozesse beschreiben - mit dem Ziel einer Selbstregulation menschlichen Verhaltens und Erlebens.

Mit diesen Modellen kündigen sich erste systemische Konzepte an, für die Rückkoppelungsschleifen und Selbstregulation charakteristisch sind.

Mit diesen Perspektiven beschließe ich den persönlichkeitspsychologischen Teil meiner Darstellung.

1.6. Sozialpsychologie

Ähnlich den verschiedenen theoretischen Perspektiven der Persönlichkeitspsychologie bildet auch die Sozialpsychologie keine monolithische Identität. Eine Rückschau auf ihre historische Entwicklung möge die Pluralität heutiger Sozialpsychologie in ihrer Entstehung - jedenfalls ansatzweise - nachvollziehbar werden lassen.

1.6.1. Historische Entwicklung der Sozialpsychologie

Nicht nur Sozialpsychologie, *Psychologie* überhaupt ist nach der Einschätzung Carl Friedrich Graumanns "unverkennbar ein kulturelles Produkt des 19. Jhdts."[84]. Zu den Fragen des letzten Jahrhunderts gehörten solche nach nationaler Identität, solche nach der Entstehung städtischer Ballungszentren im Kontext wachsender Industrialisierung und - damit einhergehend - solche nach dem Verhältnis von Individuum und Gesellschaft.
Wilhelm Wundt[85] (1832-1920) kann als Begründer der experimentellen Psy-

---

[84] Carl F. Graumann, Geschichtliche Entwicklung der Sozialpsychologie, in: Dieter Frey & Siegfried Greif (Hrsg.), Sozialpsychologie. Ein Handbuch in Schlüsselbegriffen, 2. Auflage, München - Weinheim: Psychologie-Verlags-Union, 1987, 32-39, 33.

[85] s. Ludwig J. Pongratz, Wilhelm Wundt, in: Wilhelm Arnold, Hans J. Eysenck & Richard Meili (Hrsg.), Lexikon der Psychologie, Bd. 3, 2. Auflage, Freiburg i.Br. - Basel - Wien: Herder, 1987, 2567-2568, sowie Graumann, Geschichtliche Entwicklung der Sozialpsycho-

chologie gelten; auf ihn gehen zugleich Entscheidungen zurück, die die Entwicklung auch der Sozialpsychologie nachhaltig prägten. Wundt ging davon aus, daß Psychologie zum einen als experimentelle Disziplin zu verstehen sei - dies ist die Perspektive, für die er selbst steht -, zum anderen aber auch als sozialhistorische Disziplin. Im Gefolge dieser Unterscheidung von experimentell und sozialhistorisch orientierter Psychologie kam es zur Trennung zwischen einer *experimentellen Psychologie*, die sich dem individuellen Erleben und Verhalten widmete und auf die klassisch-naturwissenschaftliche Methode des Experiments setzte, und einer *Völkerpsychologie*, die sozialhistorische Verläufe zu beschreiben und zu interpretieren suchte. Zur sogenannten Völkerpsychologie zählte Wundt alle kulturellen Erzeugnisse, insbesondere Sprache, Kunst und Religion - sozialhistorische Phänomene also, die sich einer experimentellen Analyse entziehen. Gegenstand einer experimentellen Psychologie blieb der einzelne Mensch. In dieser Wundtschen Tradition verstand und versteht sich Psychologie als zentriert auf menschliche Individualität, wobei dieser jedweder soziale und geschichtliche Charakter abgeht. Dieses psychologische Selbstverständnis erstreckte und erstreckt sich auch auf die *Sozialpsychologie*.

Die Hinwendung der Sozialpsychologie zu behavioristischen, also verhaltensorientierten Ansätzen, wie wir sie im Rahmen der Lernpsychologie bereits kennengelernt hatten, bekräftigte diese individualistische Perspektive: Es ist das Verhalten (und allenfalls in indirekter Weise das Erleben) eines Individuums, das seinerseits zum Reiz, zum Stimulus für ein anderes Individuum werden kann, welches daraufhin in seinem Verhalten eine Reaktion zeigt.

Neben dieser *lerntheoretischen Perspektive* spielte zu Beginn dieses Jahrhunderts die Annahme sozialer Antriebe eine wichtige Rolle. Soweit diese sozialen Antriebe als angeboren galten, konnte von einer *Dispositionsperspektive* auch in der Sozialpsychologie gesprochen werden. Diese wurde jedoch abgelöst durch ein bis heute wachsendes Interesse an kognitiven Strukturen und Prozessen, zunächst etwa durch die Untersuchungen sozialer Einstellungen. Impulse auf dem Weg zu einer kognitiven Sozialpsychologie kamen aus der Gestalttheorie, einer Bewegung also, die aus *phänomenologischen Perspektiven* hervorging[86] und das Interesse an Prozessen kognitiver Strukturierung zugunsten des Verstehens sozialer Wahrnehmung und Urteilsbildung weckte.

---

logie, a.a.O., 32-39.

[86] s. Klaus Kießling, Psychotherapie - ein chaotischer Prozeß? Unterwegs zu einer postcartesianischen Psychologie, Stuttgart: Radius, 1998, 133.

1.6.2. Kognitive Sozialpsychologie am Beispiel der Attributionstheorie

Zu den wichtigsten Theorieansätzen im Rahmen der kognitiven Sozialpsychologie gehört die Attributionstheorie[87]. Als *Attribution* oder als *Kausalattribution* gilt der Vorgang, daß wir dem eigenen oder dem fremden Handeln bestimmte Ursachen zuschreiben (attribuieren). Gegenstand dieser Theorie ist dabei nicht die vielleicht tatsächlich ermittelbare Ursache einer Handlung, sondern die Vermutungen, Annahmen und Hypothesen, die wir dazu entwickeln. Die praktische Relevanz dieser Zuschreibungen können wir uns anhand des folgenden Beispiels vor Augen führen. Es geht um das Versagen eines Studenten in einer theologischen Prüfung. Drei Fragen stellen sich dabei:

- Gibt dieser Student für sein Versagen persönliche (interne) oder umweltbedingte (externe) Gründe an?
- Sieht er darin ein dauerhaftes (stabiles) oder ein vorübergehendes (instabiles) Problem?
- Für wie umfassend (global), für wie spezifisch hält er sein Versagen, zu einem Erfolg zu kommen?

Die Antworten auf diese Fragen, wie sie beispielsweise in der nachfolgenden Tabelle vorliegen, sind praktisch bedeutsam, insofern die Art der Attribution dieses Mißerfolgs die Auswirkungen bestimmt, die diesem Versagen folgen. Bei globaler Zuschreibung verallgemeinern sich auch die Effekte des Versagens, der Mißerfolg zieht eine lähmende Wirkung nach sich. Stabile Attributionen verleihen auch ihren Wirkungen einen dauerhaften Charakter. Interne Zuschreibung senkt das Selbstwertgefühl des betroffenen Studenten - insbesondere dann, wenn er diesen Mißerfolg nicht nur als seinen persönlichen, sondern zugleich als einen globalen und zeitlich stabilen wahrnimmt. Manche Menschen zeigen einen sogenannten *depressiven Attributionsstil*[88]:

---

[87] s. Wulf-Uwe Meyer & Heinz-Dieter Schmalt, Die Attributionstheorie, in: Dieter Frey & Martin Irle (Hrsg.), Theorien der Sozialpsychologie, Bd. 1: Kognitive Theorien, 2. Auflage, Bern - Stuttgart - Toronto: Huber, 1984, 98-136; Bernd Six, Attribution, in: Dieter Frey & Siegfried Greif (Hrsg.), Sozialpsychologie. Ein Handbuch in Schlüsselbegriffen, 2. Auflage, München - Weinheim: Psychologie-Verlags-Union, 1987, 122-135; Heiner Ellgring, Sozialpsychologie: Ätiologie/Bedingungsanalyse, in: Urs Baumann & Meinrad Perrez (Hrsg.), Lehrbuch Klinische Psychologie, Bd. 1: Grundlagen, Diagnostik, Ätiologie, Bern - Stuttgart - Toronto: Huber, 1990, 308-324, insbesondere 319-321.

[88] s. Gerald C. Davison & John M. Neale, Klinische Psychologie. Ein Lehrbuch, 3. Auflage, München - Weinheim: Psychologie-Verlags-Union, 1988, 270, und Hans W. Bierhoff, Attribution, in: Roland Asanger & Gerd Wenninger (Hrsg.), Handwörterbuch Psychologie, 4. Auflage, München - Weinheim: Psychologie-Verlags-Union, 1988, 60-66, 64f.

Betroffene schätzen Mißerfolge als intern verursacht, global und zeitlich stabil auftretend ein. Erfolge hingegen attribuieren sie als extern verursacht ("Der Prüfer war nett."), als spezifisch ("Das ist ja auch das leichteste Fach.") und als instabil ("Die nächste Prüfung wird dafür um so mehr schiefgehen."). Wenn Menschen mit diesem Attributionsstil unglücklichen Erfahrungen begegnen, werden sie zu Hilflosigkeit und depressiver Verstimmung neigen.

Attribuierung	intern & stabil	intern & instabil	extern & stabil	extern & instabil
global	Ich bin zum Studieren nicht intelligent genug.	Ich bin gerade sehr erschöpft.	Prüfungen sind doch alle reine Glückssache.	So ist es, wenn einem an einem Freitag, dem 13., eine Prüfung zugemutet wird.
spezifisch	Mir fehlt es an Begabung zum theologischen Denken.	Manchmal frage ich mich, ob ich das richtige Studienfach gewählt habe.	Die Prüfungen in diesem Fach laufen ganz besonders unfair ab.	Das Prüfungsamt hat mir ausgerechnet für dieses Fach die Kennziffer 13 zugeordnet.

Soviel zu attributionstheoretischen Ansätzen im Rahmen der kognitiven Sozialpsychologie.

1.6.3. Kommunikationspsychologie am Beispiel der Pragmatischen Axiome Paul Watzlawicks

Impulse auf dem Weg zu einer kognitiven Sozialpsychologie kamen auch aus den miteinander verwobenen Bereichen der Informationsverarbeitungstheorien, der Kybernetik und der Kommunikationsforschung. Im Rahmen dieser *Informationsverarbeitungsperspektive* wurde Kommunikation zu einem sozialpsychologischen Schlüsselbegriff, insbesondere für das Verständnis von Prozessen in Gruppen, später auch zwischen Gruppen.

Mit Kommunikationen und deren Störungen befaßte und befaßt sich eingehend Paul Watzlawick[89]. In der Einführung zu seinem Kommunikationsmodell weist Watzlawick[90] darauf hin, daß das Material jeglicher Kommunikation keineswegs ausschließlich Worte sind, sondern auch Tonfall, Geschwindigkeit der Sprache, Pausen, Lachen und Seufzen sowie Körperhaltung und Ausdrucksbewegungen. Mit anderen Worten: Kommunikation schließt Verhalten jeder Art ein.

Watzlawicks Kommunikationsmodell setzt sich aus fünf pragmatischen Axiomen zusammen. Verhalten kennt kein Gegenteil; niemand kann sich *nicht* verhalten. Und: *Wenn Verhalten Mitteilungscharakter zukommt, so folgt daraus die Unmöglichkeit,* nicht *zu kommunizieren (1. Axiom).* Auch Mißachtung und Schweigen sind Weisen der Kommunikation: Der Mann im überfüllten Wartesaal, der vor sich auf den Boden starrt, teilt den anderen Wartenden mit, daß er weder sprechen noch angesprochen werden möchte.

Bei der Untersuchung, was zu einer Mitteilung gehört, stoßen wir zunächst auf ihren Inhalt. Zugleich enthält jede Mitteilung einen weniger offensichtlichen Aspekt, nämlich einen Hinweis darauf, wie die mitteilende Person ihre Mitteilung verstanden wissen will, wie sie also die Beziehung zwischen beiden Kommunizierenden sieht. Zu jeder Kommunikation gehören sowohl ein Inhalts- als auch ein Beziehungsaspekt. Der Inhaltsaspekt bezieht sich quasi auf die "Daten", der Beziehungsaspekt hingegen weist an, wie diese Daten aufzufassen sind. Damit geht die Einsicht einher, daß der Beziehungsaspekt zwar der weniger augenfällige, zugleich aber der bestimmende Aspekt des Kommunikationsgeschehens ist. Der Beziehungsaspekt entscheidet, ob und wie der Inhalt zu verstehen ist. Der Inhalt der Mitteilung "Schön siehst Du aus!" kann Ausdruck des Gefallens, der Bewunderung sein, aber - etwa als Äußerung gegenüber einem in den Dreck gefallenen Kind - auch das Gegenteil, also Mißfallen kundtun: "Schön siehst Du aus!" *Zur Kommunikation gehören Inhalts- und Beziehungsaspekte - und zwar derart, daß der Beziehungsaspekt den Inhaltsaspekt bestimmt (2. Axiom).*

Eine Folge von Kommunikationen erscheint einem Unbeteiligten als ein ununterbrochener Austausch von Mitteilungen. Und doch verleiht jeder, jede

---

[89] s. Paul Watzlawick, Janet H. Beavin & Don D. Jackson, Menschliche Kommunikation. Formen, Störungen, Paradoxien, 8. Auflage, Bern - Stuttgart - Toronto: Huber, 1990, insbesondere 50-71, sowie Helmut Crott, Soziale Interaktion und Gruppenprozesse, Stuttgart - Berlin - Köln - Mainz: Kohlhammer, 1979, 23-26.
[90] Watzlawick, Beavin & Jackson, a.a.O., 51.

Teilnehmende dieser Kommunikation eine Struktur, eine sogenannte Interpunktion von Ereignisfolgen. Dabei sind Diskrepanzen, die diese Interpunktion betreffen, häufige Wurzeln von Beziehungskonflikten. Da mögen der immer mehr sich zurückziehende Mann und die fortwährend nörgelnde Frau sein: Aus der Sicht des Mannes ist sein Rückzug die Verteidigung gegen das Nörgeln seiner Frau: "Weil sie nörgelt, ziehe ich mich zurück." Aus der Sicht der Frau jedoch liegt ihre Kritik einzig und allein darin begründet, daß er sich ständig auf dem Rückzug befindet. Der Mann sieht den Konflikt durch das Verhalten seiner Frau verursacht, die so sehr nörgele, daß er sich einfach zurückziehen müsse, was sie zum Anlaß für weitere Nörgeleien nehme. Die Frau aber ist überzeugt, daß ihr Mann und dessen Rückzug den aktuellen Konflikt hervorgerufen haben und immer neu anheizen. Ihre Kritik sei lediglich eine Reaktion, die er allerdings nur dazu nutze, sich weiter zurückzuziehen. Mann und Frau interpunktieren diese Sequenz jeweils anders, sie lassen die Abfolge jeweils mit dem Verhalten der anderen Person beginnen. *Die Gestalt einer Beziehung ist durch die Interpunktion der Kommunikationsabläufe seitens der Gesprächspartnerinnen und -partner bedingt (3. Axiom).*

Watzlawick trifft ferner eine Unterscheidung zwischen digitaler und analoger Kommunikation. Digitale Kommunikation erfolgt durch verbales Sprechen und Sprachverstehen, sofern Sprache eindeutig auf Personen, Dinge und Zusammenhänge verweist. Analoge Kommunikation hingegen läuft über den Tonfall, über Gestik und Mimik. Sie ist mehrdeutig. Der Unterschied zwischen digitaler und analoger Kommunikation wird deutlich, wenn wir uns vor Augen halten, daß das bloße Hören einer uns fremden Sprache, etwa im Radio, uns nicht zum Verstehen dieser Sprache führen wird, während Zeichensprachen und Mimiken dabei hilfreich sein können, selbst wenn die sprechende und die hörende Person verschiedenen Kulturen und Sprachen angehören. Solche analoge Kommunikation bleibt allerdings mehrdeutig; vereindeutigt kann sie nur werden, wenn der analog kommunizierende Mensch seine Mitteilungen in einer beiden Kommunizierenden vertrauten Wortsprache zu digitalisieren vermag.- An dieser Stelle komme ich auf die Unterscheidung von Inhalts- und Beziehungsaspekten der Kommunikation zurück. Der Inhaltsaspekt einer Kommunikation zeigt sich typischerweise in einem digitalen, einem verbalsprachlichen Ausdruck, der Beziehungsaspekt hingegen in einer vorwiegend analogen, einer nichtverbalen Form. *Menschliche Kommunikation kennt digitale (verbale und eindeutige) sowie analoge (nonverbale und mehrdeutige) Modalitäten (4. Axiom).*

82

Kommunikationsprozesse basieren auf Gleichheit oder Ungleichheit der daran Beteiligten. Diese beiden Formen lassen sich als symmetrische und als komplementäre Kommunikation bezeichnen. Im Falle von Symmetrien erweist sich die Kommunikation zwischen beiden Seiten sozusagen als spiegelbildlich; im Falle von Komplementarität ergänzt das Verhalten der einen Person das der anderen, etwa das Verhalten des Mitarbeiters das der Chefin oder im Sozialisationsprozeß das Verhalten des Schülers das der Lehrerin. *Zwischenmenschliche Kommunikationsabläufe sind entweder symmetrisch oder komplementär - in Abhängigkeit davon, ob die Beziehung zwischen den Kommunikationspartnerinnen und -partnern auf Gleichheit oder auf Ungleichheit beruht (5. Axiom).*

Damit habe ich Kommunikationsprozesse anhand eines wichtigen Modells exemplarisch präsentiert.

1.6.4. Sozialpsychologie als Grenzgebiet zwischen Psychologie und Soziologie

Wenn Sozialpsychologie sich als Grenzgebiet zwischen Psychologie und Soziologie beschreiben läßt[91], so kann zu ihrem Selbstverständnis auch eine *psychodynamische Perspektive* beitragen. Ich denke an die bekannten Arbeiten Erich Fromms (1900-1980)[92] und an das Zusammenspiel von Soziologie und Psychologie, näherhin von Soziologie und Psychoanalyse bei Theodor W. Adorno (1903-1969). So hält Adorno das Ziel der "gut integrierten Persönlichkeit"[93] für verwerflich, weil es dem Individuum jene Balance der Kräfte zumutet, die in der bestehenden Gesellschaft nicht gegeben ist. Eine Integration wäre eine falsche Versöhnung mit der unversöhnten Welt und liefe auf eine Identifikation mit dem Angreifer hinaus.- Insbesondere widmet sich Adorno Freud, speziell der Doppelrolle des Ich: Als (an seinem äußeren Rand) bewußtes muß dieses sich der Auseinandersetzung mit der Realität stellen, als unbewußtes fungiert es aber im Konflikt mit dem Es selbst als

---

[91] s. Walter R. Heinz, Sozialpsychologie, in: Roland Asanger & Gerd Wenninger (Hrsg.), Handwörterbuch Psychologie, 4. Auflage, München - Weinheim: Psychologie-Verlags-Union, 1988, 708-713, 708.

[92] Exemplarisch nenne ich Erich Fromm, Anatomie der menschlichen Destruktivität, Reinbek bei Hamburg: Rowohlt, 1977.

[93] Theodor W. Adorno, Zum Verhältnis von Soziologie und Psychologie (1955), in: ders., Soziologische Schriften, Bd. 1 (Gesammelte Schriften; Bd. 8), Frankfurt am Main: Suhrkamp, 1979, 42-85, 65.

verdrängende Instanz (den Begriff des Über-Ich nennt Adorno an dieser Stelle nicht). Durch diese Doppelbelastung ist das Ich unablässig überfordert: Dem Ich gebietet die "Brutalität des Außen" Einhalt, welche mit den "triumphalen archaischen Regungen"[94] des Es paktiert und so das Ich unterjocht. Die darin sich ausdrückende "Lebensnot"[95] des Menschen rückt dessen Normalität in ein pathologisches Licht. Kennzeichnend für menschliche Normalität ist bei Adorno ein Beschädigtsein[96]; und eine "gesellschaftlich eingebaute" Psychoanalyse verkommt nach Horkheimers Diktum, das Adorno aufgreift, zur bloßen "Massage"[97].- Gegen Horkheimer läßt sich immerhin anführen, daß auch eine Massage nicht zu verachten ist, sofern sie nicht die einzige Maßnahme bleibt!

Wir haben eine Vielfalt an Themen gestreift, die zur inhaltlich zugegebenermaßen unübersichtlichen Sozialpsychologie zählen, nämlich Theoriebildung anhand vielfältiger kognitiver Prozesse in sozialen Bezügen, Untersuchung von sozialer Interaktion und Gruppenprozessen[98] sowie von sozialer Urteilsbildung[99], Einstellungs- und Sozialisationsforschung[100].

Neben dispositionstheoretischen, lerntheoretischen, phänomenologischen, psychodynamischen und informationsverarbeitungstheoretischen Perspektiven, wie wir sie zunächst in der Persönlichkeitspsychologie und nun auch in der Sozialpsychologie kennenlernen konnten, treten soziologisch orientierte Ansätze der Sozialpsychologie. Denn das selbstkritische Urteil des Berner Sozialpsychologen Mario von Cranach, die Psychologie sei "überwiegend individualistisch orientiert"[101], erstreckt sich auch auf die Sozialpsychologie. Mario von Cranach selbst zog daraus den Schluß, die Auseinandersetzung mit der Theorie sozialer Systeme, wie sie der Bielefelder Soziologe Niklas

---

[94] Adorno, Zum Verhältnis von Soziologie und Psychologie, a.a.O., 83.

[95] Theodor W. Adorno, Postscriptum (1966), in: ders., Soziologische Schriften, Bd. 1 (Gesammelte Schriften; Bd. 8), Frankfurt am Main: Suhrkamp, 1979, 86-92, 88.

[96] s. Klaus Kießling, Normalität und (psychische) Abweichung - Krise traditioneller Modelle und Wege zu ihrer Bewältigung, in: Systeme 10 (1996) 4-30.

[97] Adorno, Postscriptum, a.a.O., 89.

[98] s. Crott, a.a.O..

[99] s. Arnold Upmeyer, Soziale Urteilsbildung, Stuttgart - Berlin - Köln - Mainz: Kohlhammer, 1985. Dieser Band bietet in der Zusammenschau mit dem Buch von Crott, a.a.O., einen Überblick über die Sozialpsychologie, wie ihn die beiden Vorworte ankündigen (s. Crott, a.a.O., 11, und Upmeyer, a.a.O., 9).

[100] s. Heinz, a.a.O., 708-713.

[101] Mario von Cranach, Handlungsfreiheit und Determination als Prozeß und Erlebnis, in: Zeitschrift für Sozialpsychologie 22 (1991) 4-24, 18.

Luhmann entworfen hatte, im Studium der Sozialpsychologie fest zu verankern[102].

Mit der Thematisierung von gesellschaftlichen Prozessen kündigt sich die Notwendigkeit einer Sozialpsychologie an, die ihre überkommenen Formen einer Wissenschaft vom Individuum hinter sich läßt - mit dem Ziel, Kommunikationsprozesse zwischen Menschen und Gruppen sowie die materiellen und kulturellen Bedingungen, in denen diese Kommunikation stattfindet, im Rahmen sozialpsychologischer Theoriebildung zu beherzigen.

Mit diesem Plädoyer schließe ich meine Ausführungen zur Sozialpsychologie ab.

1.7.   Weitere psychologische Disziplinen

Damit haben wir nun alle Grundlagenfächer kennengelernt, die zum sogenannten "Viererkanon" gehören: zunächst die Allgemeine Psychologie, sodann die Entwicklungspsychologie, die Persönlichkeitspsychologie und schließlich die Sozialpsychologie. Zu den Grundlagenfächern gehören noch zwei weitere psychologische Disziplinen, die in unserem Kontext jedoch eine vergleichsweise untergeordnete Rolle spielen und daher nicht eigens thematisiert werden sollen. Dabei handelt es sich erstens um die *Physiologische Psychologie* bzw. *Biologische Psychologie*, die sich dem Zusammenhang von biologischen Prozessen und menschlichem Verhalten widmet und dabei die Lebensprozesse aller Organe des Körpers berücksichtigt, insbesondere des Gehirns[103]; zweitens handelt es sich um die *Methodenlehre*, die sich mit den Fragen auseinandersetzt, wie aus psychologischen Forschungsgegenständen empirische Daten entstehen, wie sie erhoben werden können (etwa durch Beobachtung, Befragung, Experimente, qualitative Wege der Sozialforschung) und wie sie sich auswerten lassen[104]. Methodenlehre ist in unserem Kontext insofern eine beachtenswerte Disziplin, als sich praktisch-theologische Forschung - jedenfalls methodisch - zwischen allen Stühlen

---

[102] Mündliche Mitteilung vom 20. März 1997; vgl. Klaus Kießling, Psychotherapie - ein chaotischer Prozeß?, a.a.O., 289-354.

[103] s. Niels Birbaumer & Robert F. Schmidt, Biologische Psychologie, Berlin - Heidelberg - New York: Springer, 1989, 1.

[104] s. Peter Atteslander, Methoden der empirischen Sozialforschung, 7. Auflage, Berlin - New York: de Gruyter, 1993, sowie Philipp Mayring, Einführung in die qualitative Sozialforschung. Eine Anleitung zum qualitativen Denken, München: Psychologie-Verlags-Union, 1990.

findet: zwischen Human- und Sozialwissenschaften einerseits und Theologie andererseits, zwischen natur- und geisteswissenschaftlichen Methoden ebenso wie zwischen Praxis und Theorie. Um nicht zwischen allen Stühlen zerrieben zu werden, stellt sich die Frage (und stellt sich praktisch-theologische Forschung der Frage), welche Methoden - d.h. welche Wege - sich eignen, um gerade die (interdisziplinären) Zwischenräume zu erkunden, die sich zwischen diesen Stühlen auftun. Die Suche nach geeigneten Forschungsmethoden nimmt dabei Kurs zwischen zwei Klippen: Zum einen soll sie dem Umstand Rechnung tragen, daß heute auch Vertreterinnen und Vertreter traditionell quantitativ arbeitender Disziplinen die Gefahr der "Ver-messenheit" eines bloß messenden und rechnenden Denkens einräumen. Zum anderen bedeutet die Hinwendung zu qualitativen Methoden nicht, daß Quantifizierungen gänzlich obsolet wären. Sich in die Niederungen des Auszählens zu begeben, kann durchaus sinnvoll sein: Die Wahl einer Methode hängt vom jeweiligen Gegenstand und vom Interesse der Forschung ab.

Mit diesen knappen Ausführungen zur Methodenlehre möchte ich die Präsentation der psychologischen Grundlagenfächer abschließen und zu den "Anwendungsfächern" weitergehen, die sich - auch wenn diese Bezeichnung solches nahelegt - nicht auf die bloße Anwendung des in den Grundlagenfächern erarbeiteten Wissens beschränken können, sondern - wie bereits früher angedeutet - vor eigenen großen Herausforderungen stehen, wenn sie den Graben zwischen Theorie und Praxis zu überbrücken suchen und interdisziplinäres Arbeiten anzielen. Meine Reserviertheit gegenüber dem Titel "Anwendungsfach" richtet sich aus den genannten Gründen auf manche psychologische Disziplin, aber auch - in theologischem Zusammenhang - auf die Fächer der Praktischen Theologie, die nicht zu bloßen "Anwendungsfächern" - gleichsam ohne eigenes Rückgrat - verkommen dürfen.

1.8.   Klinische Psychologie

Zu den psychologischen Anwendungsfächern gehört in erster Linie die *Klinische Psychologie*. Sie schließt ein oder wird ergänzt durch die Fächer *Psychotherapie und Beratung, Gesundheits- und Rehabilitationspsychologie, Psychodiagnostik* sowie *Psychologie abweichenden Verhaltens* (etwa im Falle von Delinquenz). Daneben existieren als Anwendungsfächer die *Pädagogische Psychologie* - mit der Absicht, "daß die Pädagogik die Perspektive erschließt, in der die Pädagogische Psychologie psychologische Forschung betreibt ... . Dadurch würde die Pädagogische Psychologie nicht ...

als angewandte, sondern als interdisziplinäre Wissenschaft betrieben."[105] - sowie die aufstrebende *Arbeits-, Betriebs- und Organisationspsychologie.* Auf letztere werde ich im Rahmen von gemeindlicher Organisationspsychologie und –beratung zurückkommen.

Im Rahmen dieses Buches möchte ich, wie bereits angekündigt, die Klinische Psychologie präsentieren. Sie gilt als "diejenige Teildisziplin der Psychologie, die sich mit psychischen Störungen und den psychischen Aspekten somatischer Störungen befaßt"[106], und zwar im Sinne von Prävention, Diagnostik, Psychotherapie und Rehabilitation. Aus diesem weiten Feld der Klinischen Psychologie wähle ich im folgenden die Psychotherapie aus.

1.8.1.   Psychotherapie

1.8.1.1.   Welche historischen Wurzeln und Vorformen kennt die Psychotherapie?

Historische Wurzeln und Vorformen der Psychotherapie[107] finden sich bereits in der magisch und animistisch geprägten Heilkunst von Priesterärzten der Frühantike. Diese wird von einer (natur-) philosophisch orientierten Medizin der Antike abgelöst. Bereits Hippokrates (um 460-375 v.Chr.) sieht psychische Leiden physiologisch verursacht: er führt sie, wie bereits angedeutet, auf unterschiedliche Gemische von Körpersäften sowie deren Auswirkung auf das menschliche Gehirn zurück und unterteilt sie in Melancholie, Manie und Phrenitis (Gehirnfieber).

Auf der Heilkunst des Altertums basieren mittelalterliche Medizin und Krankenpflege, etwa sogenannter melancholischer Patientinnen und Patienten; insbesondere christliche Orden übernehmen diese humanitäre Aufgabe, die auch zur Errichtung von Krankenhäusern führt.

Vorformen der Psychotherapie in Renaissance und Neuzeit erhalten ein naturwissenschaftliches Gepräge, insbesondere unter dem Einfluß von René Descartes (1596-1650). In der Zeit der Aufklärung erwerben sich die Ärzte Wilhelm Griesinger (1817-1868), Emil Kraepelin (1856-1926) und Eugen Bleuler (1857-1939) Verdienste um Verständnis und Psychotherapie psych-

[105] Walter Herzog, Pädagogik und Psychologie. Nachdenken über ein schwieriges Verhältnis, in: Zeitschrift für Pädagogik 40 (1994) 425-445, 442.

[106] Urs Baumann & Meinrad Perrez, Lehrbuch Klinische Psychologie, Bd. 1: Grundlagen, Diagnostik, Ätiologie, Bern - Stuttgart - Toronto: Huber, 1990, 19.

[107] s. Gion Condrau, Einführung in die Psychotherapie. Geschichte, Schulen und Methoden, Regensburg: Pustet, 1974.

iatrischer Krankheitsbilder.

Aber auch Philosophen werden zu Wegbereitern der Psychotherapie, etwa
Arthur Schopenhauer (1788-1860), Sören Kierkegaard (1813-1855), Friedrich Nietzsche (1844-1900) und Martin Buber (1878-1965).

Nach einer langen Vergangenheit der Psychotherapie setzt ihre erst kurze
Geschichte in Medizin und Psychologie mit *Sigmund Freud* (1856-1939)
ein, näherhin mit seinem Werk "Die Traumdeutung", das im Jahr 1900 in
erster Auflage erscheint[108]. Über mehrere Jahrzehnte hin scheinen "Psychoanalyse" und "Psychotherapie" gleichbedeutend zu sein. Die bereits genannte Verhaltenstherapie versteht sich seit ihren Anfängen als Alternative zu
psychoanalytischen Ansätzen. Allmählich setzt sich ein Begriff von Psychotherapie durch, der sehr unterschiedliche Konzepte zusammenfaßt.

Analytische Therapie nach C.G. Jung, Autogenes Training, Bibliodrama,
Daseinsanalyse, Familientherapie, Gesprächspsychotherapie, Gestaltthera-
pie, Individualtherapie nach Adler, Katathymes Bilderleben, Kunst-, Musik-
oder Tanztherapie, Neurolinguistisches Programmieren (NLP), Progressive
Relaxation, Psychoanalytische Kurz- oder Langzeittherapie, Rebirthing,
Transaktionsanalyse, Urschreitherapie, Systematische Desensibilisierung,
Training sozialer Kompetenz oder andere kognitiv-verhaltenstherapeutische
Verfahren - welches dieser (oder auch anderer) therapeutischen Angebote
würde ich wahrnehmen, wenn ich danach suchte? Welches würde ich einem
seelisch leidenden Gegenüber empfehlen? Und: Welche Verfahren spielen
in seelsorglicher Begleitung, in kirchlicher Beratung, in Caritas und Diakonie eine tragende Rolle? Mit welcher Berechtigung geschieht dies? Wonach
bemißt sich diese Berechtigung?
Die *Frage nach der Wirksamkeit* einer therapeutischen Methode halte ich
dabei für ein zentrales, wenn auch allein keinesfalls hinreichendes Kriterium. Diesem Thema der Effektivität widmet sich die *Psychotherapieforschung*, welche durch provokante Resultate beträchtliches Aufsehen erregt
und gesundheitspolitische Konsequenzen verlangt[109]. Vor diesem Hintergrund erscheint es mir sehr wichtig, die Geschichte und den Stand der Psychotherapieforschung grob nachzuzeichnen und schließlich zur Diskussion

---

[108] Sigmund Freud: Die Traumdeutung (1900) (Studienausgabe; Bd. 2), 9. Auflage, Frankfurt
am Main: Fischer, 1994.
[109] In erster Linie denke ich hier an Klaus Grawe, Psychotherapieforschung zu Beginn der
neunziger Jahre, in: Psychologische Rundschau 43 (1992) 132-162, sowie - in aller Ausführ-
lichkeit - Klaus Grawe, Ruth Donati & Friederike Bernauer, Psychotherapie im Wandel. Von
der Konfession zur Profession, 2. Auflage, Göttingen: Hogrefe, 1994.

zu stellen, was sich in meinen Augen daraus für die eingangs aufgeworfenen Fragen ergeben kann oder muß. Zunächst aber soll der Forschungsgegenstand selbst in den Blick kommen.

1.8.1.2.   Was ist Psychotherapie?

Was eine Psychotherapie auszeichnet - etwa im Unterschied zu anderen Formen der Begegnung und des Gesprächs -, läßt sich wie folgt ausmalen[110]: Psychotherapie ist ein zeitlich umgrenztes gemeinsames Handeln von mindestens zwei Personen mit jeweils klar umrissenen Rollen: TherapeutIn ist eine durch Ausbildung qualifizierte Person, die bewußt zu handeln und ihr Handeln bewußt zu reflektieren vermag. PatientIn oder KlientIn ist eine psychisch leidende und um Hilfe nachsuchende Person. Gemeinsames Ziel beider Seiten sind die Minderung oder Beseitigung des psychischen Leidens und die Förderung der Entwicklung, letztlich der Menschwerdung des hilfsbedürftigen Menschen. Die therapeutische Arbeit erfolgt auf der Basis einer fundierten Theorie. Das Handlungs- und Erfahrungswissen von PsychotherapeutInnen muß lehr- und lernbar, die *Wirkung* ihres Tuns muß *nachprüfbar* sein.

Säulen einer *Psychotherapie-Ausbildung* sind - in je nach Konzept unterschiedlicher Gewichtung - Selbsterfahrung, Theorie und Praxis der Psychotherapie, Supervision und Eigentherapie.

Im Dickicht der psychotherapeutischen Angebote lassen sich nun einige Schneisen schlagen, so daß sich grob fünf zentrale Orientierungen herausbilden[111]:
Tiefenpsychologische Therapien basieren in ihren Grundannahmen weitgehend auf Sigmund Freud und seiner psychoanalytischen "Wissenschaft von den unbewußten seelischen Vorgängen"[112]. Psychische Störungen lassen

---

[110] Dabei orientiere ich mich stark an Helmut Wetzel & Hans W. Linster, Psychotherapie, in: Roland Asanger & Gerd Wenninger (Hrsg.), Handwörterbuch Psychologie, 4. Auflage, München - Weinheim: Psychologie-Verlags-Union, 1988, 627-639, 628.

[111] Da die in der Therapieforschung untersuchten Verfahren hier nicht einzeln skizziert werden können, soll dieser Überblick zumindest deren grobe Zuordnung erlauben; vgl. Wetzel & Linster, a.a.O., 629f.

[112] Sven O. Hoffmann, Psychoanalyse und davon abgeleitete Verfahren, in: Hans W. Linster, Helmut Wetzel u.a. (Hrsg.), Veränderung und Entwicklung der Person, Hamburg: Hoffmann & Campe, 1980, 43-88, 43.

sich hierbei auf innerpsychische Konflikte zurückführen, die "hinter" den manifesten Störungen liegen und deren Dynamik es nun durchzuarbeiten gilt. Auf diese Weise sollen Klientinnen und Klienten Einsicht gewinnen in den Zusammenhang zwischen dem aktuellen Problem und einem infantilen Konflikt. Dieser braucht dann nicht mehr wiederholt und immer neu erlitten zu werden, sondern kann bewußt wieder-geholt, erinnert und bewältigt werden. Zur Tiefenpsychologie gehören neben Freud auch Alfred Adler (1870-1937) und Carl Gustav Jung(1875-1961), die Daseinsanalyse[113] und das Katathyme Bilderleben.

Verhaltensorientierte Therapiekonzepte entstammen der Lernpsychologie. Psychische Störungen resultieren ihr zufolge aus der individuellen Lerngeschichte und aktuellen Lebensbedingungen, die diese Probleme aufrechterhalten. Therapeutisch angestrebt ist eine direkte Veränderung von Verhaltensmustern (z.B. durch Systematische Desensibilisierung oder Training sozialer Kompetenz). Seit der "kognitiven Wende"[114] entfernen sich verhaltenstherapeutische Konzepte von einem - zu simplen - Reiz-Reaktions-Modell: Auch *kognitive Prozesse* tragen maßgeblich zur Entstehung, zur Aufrechterhaltung und zur Therapie psychischer Störungen bei[115].

Humanistische erlebensorientierte Therapieformen zeigen oft ein existentialphilosophisches Gepräge. Sie betonen die Bedeutung des Beziehungsangebotes, das an die leidende Person ergeht und ihr Erleben hier und jetzt aktivieren soll. Auf diese Weise läßt sich die Störung der Person - in ihrer Beziehung zu sich selbst - abbauen und das Wachstum der Persönlichkeit fördern. Hierzu zählen Gesprächspsychotherapie und Gestalttherapie, häufig auch Transaktionsanalyse, Kunst-, Musik- und Tanztherapie, Urschreitherapie und Neurolinguistisches Programmieren.

Systemisch-familientherapeutische Ansätze untersuchen Interaktionsprozesse innerhalb des Systems Familie. Zentrale psychische Störungen sind Kommunikationsmuster, die z.B. zu Lasten immer desselben Familienmitglieds ("Sündenbock") gehen. Der therapeutische Prozeß strebt an, Struktur und Dynamik des jeweiligen Systems zu verstehen und zu verändern.

Körperorientierte Therapiekonzepte suchen die Sensibilität für den eigenen Körper zu steigern. Leib-seelischen Störungen soll durch systematische

---

[113] Anders als Grawe, Psychotherapie zu Beginn der neunziger Jahre, a.a.O., 137, würde ich die Daseinsanalyse aufgrund ihrer philosophischen Provenienz den humanistischen Verfahren zuweisen. Über solche Zuordnungen läßt sich aber streiten.

[114] Vgl. DGVT (Hrsg.), Verhaltenstherapie. Theorien und Methoden (Forum; Bd. 11), Tübingen: DGVT, 1986, 6ff.

[115] Z.B. Martin Hautzinger, Wolfgang Stark & Renate Treiber, Kognitive Verhaltenstherapie bei Depressionen, München - Weinheim: Psychologie-Verlags-Union, 1989.

Atem-, Bewegungs- und Entspannungsübungen begegnet werden. Dazu zählen Autogenes Training, Muskelentspannung im Sinne progressiver Relaxation und Rebirthing.

Wie stellen sich nun die Geschichte und der gegenwärtige Stand der Psychotherapieforschung zu diesen - hier grob geordneten - therapeutischen Verfahren?

1.8.1.3. Welche Ergebnisse brachte die Geschichte der Therapieforschung hervor?

Als Pioniere auf dem Weg zur empirischen Erforschung der Wirksamkeit psychotherapeutilscher Prozesse in den vierziger und fünfziger Jahren gelten zum einen *Carl Rogers*[116] - und in seinem Gefolge im deutschsprachigen Raum *Reinhard Tausch* mit seinen Untersuchungen zur Gesprächspsychotherapie seit Beginn der siebziger Jahre[117] - und zum anderen *Hans-Jürgen Eysenck* (1916-1997). Die Diskussion um seinen im Jahr 1952 publizierten Beitrag[118] hält bis heute an, auch wenn seine Daten und deren Interpretation stark umstritten sind. Eysenck behauptete, daß psychoanalytische Therapie nicht wirksamer sei als überhaupt keine Behandlung; die Spontanremissionsrate von Neurosen - d.h. deren Ausheilen innerhalb eines bestimmten Zeitraums *ohne* therapeutisches Zutun - betrage nach fünf Jahren (seit der Entstehung der Störung) bereits 90%. Ein therapeutisches Verfahren, das als wirksam gelten wolle, müsse diese Spontanheilungsraten also übertreffen.- Selbst in den achtziger Jahren jedoch dauerte es im Durchschnitt (!) noch sieben (!) Jahre, bis ein neurotisch oder psychosomatisch erkrankter Mensch Kontakt zu psychotherapeutischen Fachleuten bekam[119], denen dann fast ausschließlich die Behandlung besonders hartnäckiger Erkrankungen blieb, die eben nicht schon zuvor spontan ausgeheilt waren. Folglich wäre bei dieser Personengruppe, die schließlich zu einer Behandlung gelangte und "bei der keine spontanen Remissionen mehr zu erwarten sind, ... jede Besse-

---

[116] Vgl. dazu Hans W. Linster, Gesprächspsychotherapie, in: ders., Helmut Wetzel u.a., Veränderung und Entwicklung der Person, Hamburg: Hoffmann & Campe, 1980, 170-229, 172.

[117] Vgl. Grawe, Psychotherapie zu Beginn der neunziger Jahre, a.a.O., 133.

[118] Es handelt sich um Hans J. Eysenck, The Effects of Psychotherapy: An Evaluation, in: Journal of Consulting Psychology 16 (1952) 319-324.

[119] So Grawe, Psychotherapie zu Beginn der neunziger Jahre, a.a.O., 134.

rungsrate über Null als Erfolg anzusehen"[120]. Allerdings ist die Zahl der Spontanheilungen bei behandlungsbedürftigen psychischen Störungen weit geringer, als Eysenck angenommen hatte. Zudem nimmt bei vielen psychisch Leidenden das Ausmaß ihrer Störung verständlicherweise noch zu, solange eine psychotherapeutische Hilfe ausbleibt.-

Eysenck forderte dazu auf, die Effektivität psychotherapeutischer Verfahren im Vergleich zu nicht oder anders behandelten Personengruppen empirisch zu überprüfen. Eine Vielzahl von seitdem durchgeführten Untersuchungen und deren Metaanalysen[121] erwiesen klar und zuverlässig die größere Wirksamkeit von Psychotherapie im Vergleich zu Nichtbehandlung. Eysencks grundsätzliche Zweifel an der Effektivität von Psychotherapie überhaupt gelten heute mit Fug und Recht als widerlegt.

Den Schluß allerdings, daß ein Effektivitätsnachweis für *jede* therapeutische Methode gesichert sei und sich zwischen verschiedenen Verfahren *keine* Unterschiede im Ausmaß ihrer Wirksamkeit ausmachen ließen, hat die Psychotherapieforschung in ihrer Geschichte zwar selbst oft nahegelegt; dieser Schluß kann aber insbesondere aus methodischen Gründen heute nicht mehr aufrechterhalten werden[122].

1.8.1.4. Welche Psychotherapieverfahren können heute als nachweislich wirksam gelten?

Die Arbeitsgruppe um den Berner Forscher *Klaus Grawe* widmet sich seit vielen Jahren der Bestandsaufnahme[123] aller psychotherapeutischen Wirksamkeitsstudien. Die im folgenden skizzierten Ergebnisse[124] resultieren aus

---

[120] Grawe, Psychotherapie zu Beginn der neunziger Jahre, a.a.O., 134.

[121] Hier sind in erster Linie zu nennen die Arbeiten von Gene V. Glass u.a., The Benefits of Psychotherapy, Baltimore: The John Hopkins University Press, 1980, und von Michael J. Lambert, David A. Shapiro & Allen E. Bergin, The Effectiveness of Psychotherapy, in: Sol L. Garfield & Allen E. Bergin (Hrsg.), Handbook of psychotherapy and behavior change, New York: John Wiley & Sons, 1986, 157-211.

[122] Vgl. Grawe, Psychotherapie zu Beginn der neunziger Jahre, a.a.O., 142ff: Die vergleichende Therapieforschung hatte spezifische statistische Zusammenhänge (zwischen der "power" eines Tests, den beim Vergleich therapeutischer Methoden denkbaren "Effektstärkendifferenzen" und der Größe der Untersuchungsgruppen) nicht bedacht (und zudem diskrepante Therapieeffekte bei verschiedenen Personen innerhalb derselben Untersuchungsgruppe beim Mittelwertvergleich in der Varianzanalyse lediglich als Fehlervarianz, nicht aber als klinisch relevant eingeschätzt).

[123] s. Grawe, Psychotherapie zu Beginn der neunziger Jahre, a.a.O., 136.

[124] Ihre Darstellung beruht auf Grawe, Psychotherapie zu Beginn der neunziger Jahre, a.a.O..

897 Studien zu Therapien, die an Personen mit klinisch relevanten Störungen durchgeführt wurden. Die Einschätzung jeder einzelnen Studie erfolgte systematisch im Hinblick auf über 200 Merkmale und Ergebnisaspekte. Bei einer Bewertung der einzelnen Therapieverfahren anhand dieser Kriterien ergibt sich eine Rangordnung von vier Gruppen:

Eine *erste* Gruppe umfaßt alle Ansätze, die sich einer Prüfung ihrer Wirksamkeit bisher nicht unterzogen haben - es ist also offen, ob und in welchem Maße sie sich als effektiv erweisen würden; dazu gehören u.a. das Neurolinguistische Programmieren, die Urschreitherapie nach Janov, das Rebirthing und auch die Analytische Therapie nach Carl Gustav Jung.

Eine *zweite* Gruppe versammelt solche Therapiemethoden, deren Effektivität zwar mehrfach untersucht, dadurch aber eher in Frage gestellt als untermauert wurde. Dazu zählt u.a. das Autogene Training[125].

Für eine große *dritte* Gruppe von Verfahren existieren zwar einige Wirksamkeitsuntersuchungen; diese sind aber in ihrer Zahl zu gering bzw. in ihren Ergebnissen zu wenig klar, als daß diese Therapieformen als nachweislich wirksam eingestuft werden könnten: Noch kaum untersucht sind Bioenergetik, Daseinsanalyse, Katathymes Bilderleben, Individualtherapie nach Alfred Adler, Kunst-, Musik- und Tanztherapie. Die Studien zur Transaktionsanalyse sind (noch) nicht überzeugend. Zu bewährten Verfahren können sich mit Hilfe weiterer Untersuchungen Gestalttherapie und Systemische Familientherapie entwickeln.

Zu einer *vierten* Gruppe lassen sich drei Ansätze mit zweifelsfrei nachgewiesener Wirksamkeit zusammenfassen:

In erster Linie gilt dies für die *(kognitiv-) verhaltensorientierten Therapiemethoden*. Die Systematische Desensibilisierung, Verfahren zum Training sozialer Kompetenz, verschiedene kognitive Verhaltenstherapien und andere Einzeltechniken können je einzeln als bewährte Verfahren gelten und decken in flexibel kombiniertem Einsatz ein breites Wirkungsspektrum ab.

Überzeugend ist auch der Wirksamkeitsnachweis, den die *Gesprächspsychotherapie* erbrachte. Allerdings ist der bisher einer Prüfung unterzogene Wirkungsbereich dieses Verfahrens weniger breit als bei der Verhaltenstherapie.

Als dritte nachweislich wirksame Methode läßt sich die *psychoanalytische Therapie* anführen, allerdings nur hinsichtlich ihrer kurzzeitigen (bis 30

---

[125] Überraschend ist dieses Ergebnis insofern, als diese Methode weit verbreitet ist. Als für seinen Zweck wirksam hat sich unter den Entspannungsverfahren z.B. die Progressive Relaxation nach Edmund Jacobson erwiesen; s. dazu Adolf-Ernst Meyer, Rainer Richter, Klaus Grawe, J.-Matthias Graf v. d. Schulenburg & Bernd Schulte, Forschungsgutachten zu Fragen eines Psychotherapeutengesetzes. Im Auftrag des Bundesministeriums für Jugend, Familie, Frauen und Gesundheit, Hamburg-Eppendorf: Universitäts-Krankenhaus, 1991.

Stunden) und mittellangen (bis 100 Stunden) Versionen. Für die klassische Langzeitanalyse von z.T. mehreren hundert Sitzungen gilt dies nämlich nicht[126]; und der "durch mehrere Untersuchungen abgestützte Befund, daß psychoanalytische Therapie bei Patienten mit psychosomatischen Störungen bemerkenswert unwirksam ist", gehört für Grawe angesichts dessen, daß in Deutschland "praktisch alle Lehrstühle für Psychosomatik und Psychotherapie mit Psychoanalytikern besetzt sind"[127], zu den besonders pikanten Forschungsergebnissen.

Beim Studium dieser Resultate bleibt aber zu berücksichtigen, daß die Wirksamkeitsnachweise auf statistischen Durchschnittswerten beruhen, über einzelne Konstellationen also keine definitive Auskunft geben. Mit anderen Worten: ein vergleichsweise selten wirksames Verfahren kann für eine bestimmte Person und ihr spezifisches Leiden vielleicht genau den richtigen Weg weisen.

1.8.1.5. Welche Konsequenzen lassen sich aus diesen Befunden ziehen?

1.8.1.5.1. ... für die weitere Psychotherapieforschung?

Zukünftige Wirksamkeitsnachweise können durch einen kontrollierten Vergleich mit bereits bewährten Verfahren erbracht werden, d.h. durch *vergleichende Therapieforschung*. Da solche qualifizierten Therapiemethoden existieren, braucht nicht mehr der ethisch zumindest fragwürdige Weg beschritten zu werden, etliche Patientinnen und Patienten zu Forschungszwecken über einen beträchtlichen Zeitraum hinweg von der Aufnahme einer therapeutischen Beziehung abzuhalten, um mit ihnen die in Therapie befindlichen Personen vergleichen zu können: Neue Verfahren müssen nun nicht mehr die Hürde "besser als nichts?" bestehen, sondern müssen die Hürde "mindestens so gut wie Bewährtes?" nehmen, um in der Therapieforschung Anerkennung zu finden.
Die Wirkungen therapeutischer Prozesse lassen sich mit dem psychologisch-

---

[126] Dazu existieren keine Wirksamkeitsuntersuchungen; s. lediglich die Menninger-Studie (Robert S. Wallerstein, The Psychotherapy Research Project of the Menninger Foundation: An Overview, in: Journal of Consulting and Clinical Psychology 57 (1989) 195-205), bei der sich die zur Begründung von Langzeitanalysen herangezogenen Annahmen jedoch nicht bestätigten.
[127] Grawe, Psychotherapie zu Beginn der neunziger Jahre, a.a.O., 140.

experimentellen Denken allein nicht erfassen. Sie bilden vielmehr ein *komplexes Gewebe von Veränderungen*, die sich nicht einfach aufaddieren lassen, sondern typischerweise nichtlinear zusammenhängen. Die Erfassung therapeutischer Wirkungen ist also möglichst breit anzulegen, d.h. auf verschiedenen Veränderungsebenen (Symptomatik, Befindlichkeit, Beziehungen, ...) mit sowohl qualitativen als auch quantitativen Forschungsmethoden durch mehrere Beurteilerinnen und Beurteiler (PatientIn, TherapeutIn, BeobachterIn)[128].

Wie wirkt sich die therapeutische Methode M, ausgeübt durch Therapeutin T, bei Patientin P im Bereich B zur Zeit Z des therapeutischen Prozesses aus? Dieser umfassenden Frage widmet sich die methodisch anspruchsvolle *differentielle Psychotherapieforschung*[129]. Nicht jede Person kann z.B. mit einer konfrontativen Technik auf eine fruchtbare Weise umgehen, und nicht immer paßt das Beziehungsangebot eines Therapeuten zu den Möglichkeiten seines Patienten - die Qualität der therapeutischen Beziehung spielt für den Erfolg jedoch eine tragende Rolle!

Wie kommen *therapeutische Wirkungen* zustande? Typischerweise sind es nicht einzelne klar definierbare Einflußfaktoren, die eine direkte Wirkung erzielen. Zwischen Wirkfaktoren und Effekten besteht auch keine lineare ursächliche Verbindung (zweifache Wertschätzung verdoppelt nicht unbedingt den Therapieerfolg!). Vielmehr wirkt ein Gewebe von miteinander vernetzten Faktoren zusammen. Die Therapieprozeßforschung entwickelt(e) Modelle zu Struktur und Dynamik des gesamten Therapieprozesses wie auch einzelner Episoden[130]. Diese vorwärtsweisenden Modelle führen zurück zur Einzelfallforschung[131].

---

[128] Vgl. dazu Grawe, Psychotherapie zu Beginn der neunziger Jahre, a.a.O., 147.
[129] Vgl. Urs Baumann u.a., Psychotherapieforschung: Unterschiedliche Perspektiven, in: Urs Baumann (Hrsg.), Psychotherapieforschung. Mikro-/ Makroperspektiven, Göttingen: Hogrefe, 1984, 3-28, 5.
[130] Vgl. dazu Reiner Bastine, Peter Fiedler & Detlev Kommer, Was ist therapeutisch an der Psychotherapie? Versuch einer Bestandsaufnahme und Systematisierung der Psychotherapeutischen Prozeßforschung, in: Zeitschrift für Klinische Psychologie 18 (1989) 3-22.
[131] Vgl. Klaus Grawe, Zurück zur psychotherapeutischen Einzelfallforschung, in: Zeitschrift für Klinische Psychologie 17 (1988) 1-7.

1.8.1.5.2. ... für Psychotherapie und Gesellschaft?

Klaus Grawes Bilanz fällt differenziert und klar aus: Neben Verfahren, für die keine, nur sehr wenige oder zumindest nicht überzeugende Wirksamkeitsnachweise vorliegen, existieren Therapiemethoden, die sich im Zuge weiterer Forschung möglicherweise bewähren werden. Darüber hinaus attestiert die Berner Studie der Verhaltenstherapie, der Gesprächspsychotherapie und der Psychoanalytischen Therapie - dabei aber nicht der klassischen Langzeitanalyse - nachweisliche Effektivität. Diese Ergebnisse unter dem Titel "Stümpern an der Seele"[132] zusammenzufassen, halte ich für unangemessen und irreführend.

Zutreffend erscheint mir aber, daß die Richtlinien für die Finanzierung von Psychotherapie durch die Krankenkassen dem aktuellen Stand der Psychotherapieforschung nicht entsprechen. Es besteht jedoch Anlaß zu der Hoffnung, daß die bisher fehlende Einbeziehung der Gesprächspsychotherapie als dritte wichtige Methode - neben Psychoanalyse und Verhaltenstherapie - gelingen kann[133].

Keine Konsolidierung durch die Effektivitätsuntersuchungen finden die Finanzierung des Autogenen Trainings durch die Krankenkassen und die prominente Rolle psychoanalytischer Therapie in der Behandlung von psychosomatisch kranken Menschen.-

Die Veröffentlichung der Forschungsergebnisse löste erfreulich viele Diskussionen aus[134]. Grundsätzlich gibt der Psychoanalytiker Sven Olaf Hoff-

---

[132] Rolf Degen, Stümpern an der Seele, in: Die Zeit Nr. 35 (21. August 1992) 38.

[133] s. Helga Kühn-Mengel, Neues zur Gesundheits- und Sozialpolitik, in: Gesprächspsychotherapie und Personzentrierte Beratung 29 (1998) 147-148, sowie dies., Neues zur Gesundheits- und Sozialpolitik, in: Gesprächspsychotherapie und Personzentrierte Beratung 29 (1998) 219-220.- Einen Effektivitätsnachweis für humanistische Verfahren liefern auch Günther J. Thomas & Bernhard Schmitz, Zur Effektivität ambulanter Psychotherapien, in: Report Psychologie 18 (1993) Heft 5-6, 22-25.

[134] s. in der Psychologischen Rundschau 43 (1992) die Stellungnahmen von Sven O. Hoffmann, Bewunderung, etwas Scham und verbliebene Zweifel. Anmerkungen zu Klaus Grawes "Psychotherapieforschung zu Beginn der neunziger Jahre" (163-167), Dirk Hellhammer, Wie wissenschaftlich ist die Psychotherapieforschung? (168-170), Reiner Bastine, Differentielle Psychotherapie in der Entwicklung - einige Bemerkungen zu dem Artikel von Klaus Grawe (171-173), und die Replik von Klaus Grawe, Konfrontation, Abwehr und Verständigung: Notwendige Schritte im Erkenntnisprozeß der Psychotherapieforschung. Eine Erwiderung auf die Stellungnahmen von Hoffmann, Hellhammer und Bastine zu meiner Darstellung der "Psychotherapieforschung zu Beginn der neunziger Jahre" (174-178), sowie in der Psychologischen Rundschau 44 (1993) die Kommentare von Raphael Diepgen, Münchhausen-Statistik. Eine Randbemerkung zu einer Argumentationsfigur von Grawe (176-177), Hans J. Eysenck, Grawe and the effectiveness of psychotherapy: some comments (177-180), und die

mann in einer Stellungnahme[135] zu bedenken, daß die von Grawe vertretenen Forschungsstandards weitgehend der naturwissenschaftlichen Empirie entstammen: Die Verhaltenstherapie, die sich selbst unter Beachtung solcher Standards entwickelte, werde durch Grawes Anwendung dieser naturwissenschaftlich-verhaltensorientierten Standards bei der Einschätzung ihrer therapeutischen Effektivität begünstigt; unter diesen Bedingungen habe sie die besseren Chancen, sich als effektiv zu erweisen, als andere Verfahren, die aus anderen (wissenschaftlichen) Traditionen erwuchsen. Das damit einhergehende Problem besteht m.E. darin, daß zwei Therapierichtungen in ihren Zielvorstellungen differieren und daher ein unterschiedliches Verständnis von Therapieerfolg entwickeln können. So kann ein Erfolgskriterium der Therapie A adäquat, für Therapie B aber randständig sein: "Prüfende Forschung sollte dem Gegenstand der Untersuchung angemessen sein"[136]. Diese Überlegung ist mir sehr wichtig, da sie unter der Wucht von schwarz auf weiß vorgelegten Daten begraben zu werden droht. Allerdings darf sie redlicherweise nicht dazu dienen, sich der Konfrontation mit einem negativen Abschneiden der eigenen Therapierichtung auf einem Schleichweg zu entziehen, dabei das Klagelied über die praxisferne Forschung anzustimmen und in dieser Weise die eigene Provokation zu übertönen. Vielmehr sollten sich gerade die Vertreterinnen und Vertreter derjenigen Verfahren, die durch Grawe keine Konsolidierung erfahren haben, um *eigene* Untersuchungspläne mühen, also um eine Prozeß- und Erfolgsforschung, die *ihrem* Verfahren gerecht wird. Effektivitätsforschung fördert die Transparenz der einzelnen Methoden und der Personen, die sie praktizieren; auf solche Durchsichtigkeit haben Klientinnen und Klienten sowie auch der jeweilige Arbeitgeber (z.B. die Kirchen) einen berechtigten Anspruch.

1.8.1.5.3. ... für die je eigene Orientierung?

Wer für sich selbst oder für einen anderen leidenden und suchenden Menschen psychotherapeutische Hilfe sucht, kann aus den vorgetragenen Erkenntnissen der Therapieforschung nur dann einen Gewinn ziehen, wenn er bzw. sie um die therapeutischen Methoden weiß, die eine in Aussicht genommene Therapeutin bzw. ein Therapeut praktiziert. Sofern dies nicht be-

---

Erwiderung von Klaus Grawe, Über Voraussetzungen eines gemeinsamen Erkenntnisprozesses in der Psychotherapie. Eine Erwiderung auf Eysenck und Diepgen (181-186).
[135] Vgl. Hoffmann, a.a.O., 165.
[136] Hoffmann, a.a.O., 166.

kannt ist, braucht es den Mut, sich darüber im vorhinein bei der betreffenden Person zu informieren. Mit Angst vor dem therapeutischen Prozeß, sozialer Unsicherheit oder Widerstand gegen psychische Veränderungen hat dies nichts zu tun!

1.8.1.5.4. ... für Psychotherapie und Beratung in Seelsorge und Diakonie?

Pastoral und Caritas widmen sich der seelsorglichen und psychosozial stützenden Begleitung suchender und leidender Menschen. Im Auftrag der Kirchen werden diakonisch orientierte Beratungsdienste angeboten. Viele an solchen Tätigkeitsfeldern interessierte Frauen und Männer durchlaufen therapeutische und psychologisch-beraterische Ausbildungsgänge, die eigens auf diese kirchlichen Dienste vorbereiten. Seelsorge und Diakonie dürfen also in der Rezeption der hier dargelegten Forschungsergebnisse zugunsten ihrer beraterischen und therapeutischen Praxis sowie in der kritischen Auseinandersetzung mit diesen Resultaten nicht abseits stehen. Zur Gewährleistung des großen Beitrags, den die Kirchen zum psychosozialen Wohlergehen von Hilfesuchenden leisten, bedarf es nachweislich effektiver Methoden und Wege.

Die *Frage der Wirksamkeit* verstehe ich freilich nicht als alleiniges Auswahlkriterium bei der Suche nach Vorgehensweisen, die der seelsorglichen und diakonischen Arbeit förderlich sind. Ein anderes zentrales Kriterium ist die *Frage der Kompatibilität*: Sind human- und sozialwissenschaftliche Konzepte mit christlich-theologischen Prämissen vereinbar? Vertragen sich die Menschenbilder therapeutischer Methoden mit christlicher Anthropologie?[137] Diese Fragen zu stellen und sich diesen Fragen zu stellen, hilft zu verhindern, daß aus einem Steinbruch psychologischen Wissens scheinbar wertfreie - ohnehin eine Schimäre! - Brocken, die nicht allzu schwer wegzutragen sind, entfernt und praktisch-theologisch (oder nur pragmatisch) verdreht, verzweckt und vernutzt werden. Diese Fragen müssen an *jedes* in Seelsorge und Diakonie eingehende Verfahren gerichtet werden!

Dies betone ich, um dem Mißverständnis vorzubeugen, ich wollte einzig und allein auf das Effektivitätskriterium abheben. Aber ich halte es für ein echtes Manko z.B. der Analytischen Therapie nach Jung - sie ist in Seelsorge und

---

[137] Dazu besonders empfehlenswert finde ich die Arbeit von Heinz Brunner, Menschenbilder in Psychologie und Psychotherapie, in: Isidor Baumgartner (Hrsg.), Handbuch der Pastoralpsychologie, Regensburg: Pustet, 1990, 63-85.

Diakonie stark verbreitet und begegnet spirituellem Suchen und Fragen sehr offen -, daß für dieses vergleichsweise alte Verfahren noch immer keine Effektivitätsuntersuchungen vorliegen.-

Daß sich in Psychotherapie und Seelsorge mancher Prozeß dem Zugriff empirischer Kontrolle entzieht, mag für deren Erforschung bedauerlich sein, tut aber den darin zum Leben kommenden Qualitäten - menschlicher Nähe, einer spürbaren Wandlung oder neu geweckter Hoffnung - keinen Abbruch (im Gegenteil!). So gilt mit 1 Petr 3, 15: "Seid stets bereit, jedem Rede und Antwort zu stehen, der nach der Hoffnung fragt, die euch erfüllt." Meine Hoffnung in meinem seelsorglichen, beraterischen und therapeutischen Handeln ist es, einen Beitrag zur *Menschwerdung* meines leidenden Gegenübers zu leisten. Das Gewicht und der Ernst dieser Aufgabe verpflichten mich dazu, *auch* nach der Effektivität meiner Methoden zu fragen - freilich im Vertrauen darauf, daß seelsorgliche und diakonische Begleitung in ihrer Eigenart über den Rahmen empirisch kontrollierbarer Wirkungen hinausweist.-

Mit den Fragen nach dem Zusammenhang von Psychotherapie und Seelsorge verlassen wir die Präsentation zentraler psychologischer Disziplinen. Dieser Einführung in die Vielfalt psychologischer Fächer war der erste Schritt dieses Buches gewidmet. Im nun folgenden zweiten Schritt soll es nicht mehr um psychologische Disziplinen als solche gehen, sondern, wie der Untertitel des Buches ankündigt, um psychologische Disziplinen in (praktisch-) theologischen Zusammenhängen - also um Bereiche, die sich im Zwischenraum von Psychologie und Theologie auftun, konkret um Pastoralpsychologie und Religionspsychologie.

2. Ein zweiter Schritt: ... in (praktisch-) theologischen Zusammenhängen ...

Der erste Schritt im Gang dieses Buches diente dazu, wichtige psychologische Disziplinen kennenzulernen - wichtig zunächst im Rahmen der Psychologie als gesamter Disziplin, wichtig aber insbesondere mit Bezug auf theologische Zusammenhänge, wie sie bereits mehrfach anklangen. Dabei setzte ich ein mit einer Wendung aus Christa Wolfs Erzählung "Kassandra": "Vor den Bildern sterben die Wörter". Mit dieser Einführung wollte ich zugleich eine Einführung geben in das Bild-erleben und Bilder-leben in Psychologie und Psychotherapie. Dabei streifte ich die verschiedenen psychologischen Disziplinen, welche ich im Anschluß an diese Einführung systematisch zu entfalten versuchte.

Psychologische Disziplinen in (praktisch-) theologischen Zusammenhängen - mit dieser Formel läßt sich der bereits eingeleitete zweite Schritt umschreiben. Im Grenzgebiet zwischen Psychologie und Theologie tun sich diverse Felder auf, insbesondere Pastoralpsychologie und Religionspsychologie. Diese beiden Felder möchte ich im folgenden gern beackern - jedenfalls exemplarisch. Während ich die Religionspsychologie (2.2) den psychologischen Disziplinen zurechne, ist die Pastoralpsychologie (2.1) - obwohl sie "-psychologie" heißt - eine theologische Disziplin. Mit ihr will ich beginnen.

2.1. Pastoralpsychologie

Pastoralpsychologie versteht sich als ein Zweig der Praktischen Theologie, der christlich-kirchliche Praxis psychologisch und theologisch untersucht und fördert[138]. Gerade das Aufkommen der Psychotherapien, deren Vielfalt wir bereits zu sichten versuchten, hält Praktischer Theologie quasi einen Spiegel vor - und weckt den Wunsch, darin sich selbst wiederzuentdecken, also wiederzuentdecken, daß die heilende Begleitung von Menschen in Lebenskrisen und ihre Befreiung ihre (der Praktischen Theologie) ureigene Sache ist. Die gleichsam fremdprophetische Anfrage, die Psychologie und Psychotherapie auf dem Wege der Pastoralpsychologie an die Praktische

---

[138] s. Isidor Baumgartner, Pastoralpsychologie. Einführung in die Praxis heilender Seelsorge, Düsseldorf: Patmos, 1990, 54-56; Walter Rebell, Psychologisches Grundwissen für Theologen. Ein Handbuch, 2. Auflage, München: Kaiser, 1992, 173; Gilbert Schmid, Pastoralpsychologie, in: Walter Kasper u.a. (Hrsg.), Lexikon für Theologie und Kirche, Bd. 7, 3. Auflage, Freiburg i.Br. - Basel - Rom - Wien: Herder, 1998, 1441-1443.

Theologie sowie an christlich-kirchliche Praxis richten, fordert letztere zu einem pastoralpsychologisch verantworteten Handeln auf, in welchem beides jesuanisch zusammengehört: "das Reich Gottes zu verkünden und zu heilen", wie es in Lk 9, 2 heißt. Mit Pastoralpsychologie verbindet sich die Einladung an einzelne, an Paare, an Familien, an Gruppen und Gemeinden, ihr Leben mit dem Evangelium so in Austausch zu bringen, daß sie ihr Leben als Geschichte Gottes mit ihnen lesen können[139].

Dabei beschränkt sich das Heilende in pastoralpsychologischer Praxis nicht auf die wichtige diakonische Arbeit in Beratungsgesprächen; vielmehr kommt es als Heilen und Befreien auch in gemeindlichen Gruppen, in politischer Diakonie, in Verkündigung und Liturgie zum Tragen. Weil pastoralpsychologisches Handeln in diakonischer, verkündigender und liturgischer Gestalt die Handelnden selbst unentrinnbar ins Spiel bringt, widmet Pastoralpsychologie ihnen ihre besondere Aufmerksamkeit[140]. Daher soll es im folgenden nicht um spezifische Krisensituationen und die davon Betroffenen gehen, die nach pastoralpsychologischer Unterstützung verlangen, sondern um die Seelsorgerinnen und Seelsorger selbst, näherhin um pastorale Supervision und Gemeindeberatung.

2.1.1.   (Pastorale) Supervision und Gemeindeberatung - Herkunft und Zukunft ihrer Konzepte

2.1.1.1.   Einblicke

Immer wieder zieht es mich im Frühjahr ins Freie. Auf dem Balkon wächst ein Tomatenbäumchen, meinem Eindruck nach allerdings sehr zaghaft. Sorgen und Fragen steigen in mir auf. Bin ich ungeduldig? Verhindert das kühle Frühjahr schnelleres Wachstum? Sollte ich vielleicht einige Seitentriebe herausbrechen? Ist der Topf zu klein, in den das Bäumchen gepflanzt ist? Bekommt es genügend Wasser? Braucht es "mehr desselben"? Oder könnte gerade "weniger" "mehr" sein? Fehlen der Pflanze Nährstoffe?- Ich könnte eine Nachbarin fragen oder - noch besser - eine Gärtnerin, eine Expertin also, die sich mit Tomatenpflanzen auskennt, Erfahrung und Über-Blick

---

[139] s. Baumgartner, Pastoralpsychologie, a.a.O., 88f.

[140] Dieser Umstand schlägt sich deutlich in der Struktur des Handbuchs der Pastoralpsychologie nieder, wenn dieses sich auf den Seiten 133-284 ausdrücklich den Seelsorgerinnen und Seelsorgern selbst widmet, näherhin ihrer Aus- und Fortbildung sowie ihrer Identität, ihrer Spiritualität und ihrem Wachstum (Isidor Baumgartner (Hrsg.), Handbuch der Pastoralpsychologie, Regensburg: Pustet, 1990).

(Super-Vision) hat. Ich wünsche mir, daß sie mir zeigt, wie ich das Wachstum der Tomaten fördern kann.

In diesem lebensnahen Horizont überrascht es nicht, daß auch Supervision zunächst keine theoretische Errungenschaft ist, sondern aus praktischen Lebenszusammenhängen erwächst. Daran anknüpfend, widme ich mich im folgenden drei Fragerichtungen:

(1) Wann und wo entspinnt sich die Geschichte der Supervision, schließlich auch der Organisationsberatung?

(2) Wie stellen sich Supervision und Organisationsberatung heute dar?

(3) Inwiefern zeigen sich solche Konzepte als zukunftsträchtig, als theologieträchtig?

2.1.1.2. Herkunft von Supervision und Organisationsberatung

Die Geschichte der Supervision ist eng mit der *Entwicklung der Sozialarbeit* verwoben[141]. Supervision nimmt ihren Ausgang im Nordamerika des späten 19. Jahrhunderts. Dort entfaltet sich die Sozialarbeit im Zuge der Industrialisierung, und der Begriff "Supervision" taucht in dieser Zeit erstmals auf - allerdings andere Bedeutungen tragend als heute: Ein Ministerium oder eine andere hochrangige Behörde supervidiert soziale Einrichtungen, die ihrerseits Rechenschaft ablegen müssen über ihren Dienst an hilfsbedürftigen Menschen sowie über den Verbleib der ihnen zugewiesenen öffentlichen Finanzmittel. Die Sorge um möglicherweise willkürliche Ausgaben führt an der Ostküste der USA zur Entwicklung von Wohlfahrtsorganisationen, deren Dienststellen unter spezifischen Voraussetzungen finanzielle Hilfen für Notleidende gewähren. Zudem und in erster Linie aber erfolgt Hilfe durch sogenannte "friendly visitors", d.h. durch "social workers" bzw. sozial Wirkende vor Ort, die als Freiwillige Familienhilfe leisten. Die Dienststellen werben solche Ehrenamtliche an und bieten ihnen Ausbildung sowie Begleitung ihrer praktischen Tätigkeit. Diesen Aufgaben gehen "paid agents" nach, bezahlte Arbeitskräfte von Wohlfahrtsorganisationen und als solche Vorgänger heutiger Supervisoren. Der Supervision kommt also ein administrati-

---

[141] Zur Geschichte der Supervision s. Alfred Kadushin, Supervision in der Sozialarbeit, in: Supervision 18 (1990) 4-24; Ernst Federn (im Gespräch mit Wolfgang Weigand), Sozialarbeit - Supervision - Psychoanalyse, in: Supervision 18 (1990) 25-36; Cornelis F. Wieringa, Entwicklungsphasen der Supervision (1860-1950), in: Supervision 18 (1990) 37-42; Wolfgang Weigand, Zur Rezeptionsgeschichte der Supervision in Deutschland, in: Supervision 18 (1990) 43-57; Hedwig Schwarzwälder, Sozialarbeit und Supervision - Versuch der Darstellung einer Entwicklung, in: Supervision 18 (1990) 58-65.

ver (Überwachung der Verteilung der Finanzmittel) und ein ausbildender Auftrag zu. Sie unterstützt "friendly visitors" in der Optimierung ihres Hilfsangebots zugunsten ihrer Klientel und könnte daher als *Praxisberatung* charakterisiert werden. Diese Bezeichnung konnte sich bisher nicht durchsetzen; ihr ist aber der Vorteil eigen, daß Praxisberatung im Unterschied zu Supervision keine kontrollierenden Konnotationen kennt: Der ursprüngliche Wortsinn von "super-videre" ist ein "Über-sehen" bzw. "Über-wachen", also die Tätigkeit eines Aufsehers, der die Arbeit anderer Menschen sichtet und deren Qualität verantwortet. Daher rührt die spöttische Variante von "supervision" als "snooper vision" ("snooper" = Schnüffler). Heute sind die Begriffe Supervision und Praxisberatung weitgehend austauschbar[142]. In dieser *ersten Phase der Supervision (ca. 1860-1900)* deuten sich bereits zwei unterschiedliche Typen von Supervisorinnen und Supervisoren an: mit administrativer Kontrolle beauftragte *Aufseherinnen und Aufseher* einerseits, Ehrenamtliche motivierende und die Qualität ihrer Arbeit fördernde *Lehrerinnen und Lehrer* andererseits.-

Mit dem 20. Jahrhundert setzt die Entwicklung von theoretischen Konzeptionen der Supervision ein, die aus praktischen Notwendigkeiten heraus geboren war. Den Supervisorinnen und Supervisoren kommt die Funktion einer Brücke zwischen Theoriebildung und sozialarbeiterischer Praxis zu, indem sie dieses Handeln vor Ort fördern - auf der Basis von Fallberichten und in der Form von Einzelsupervision, zunächst in der Familienhilfe, bald auch in der Bewährungshilfe, in psychiatrischer und schulisch-pädagogischer Sozialarbeit.- Franklin D. Roosevelts (1882-1945) Politik zielt auf die Entwicklung einer Sozialgesetzgebung in den USA, in deren Rahmen Angebote sozialer Dienste von *privaten* Wohlfahrtsorganisationen in *staatliche* Hände übergehen. Die dadurch funktionslos werdenden Einrichtungen privater Sozialfürsorge suchen neue Aufgaben und profilieren sich im Zuge dieser Neuorientierung als Beratungsstellen. Einen Schub nach vorn erfährt diese Entwicklung dadurch, daß infolge von Hitlers Machtergreifung etliche jüdi-

---

[142] Vgl. dazu Norbert Baßiere, Pastorale Praxisberatung und Supervision, in: Isidor Baumgartner (Hrsg.), Handbuch der Pastoralpsychologie, Regensburg: Pustet, 1990, 195-213, hier 197f, sowie Herman C.I. Andriessen & Reinhard Miethner, Praxis der Supervision, 3. Auflage, Heidelberg: Asanger, 1993, 38ff: Supervision und Praxisberatung zielen beide auf die Förderung der je eigenen Kompetenz der Supervisandinnen und Supervisanden in ihrem Praxisfeld ab. Möglicherweise bezieht Supervision stärker als Praxisberatung die Bereiche ein, die in der zu supervidierenden *Person* liegen, diese fördern oder hemmen in der Steigerung ihrer Kompetenz, während Praxisberatung die *Rolle* dieser Person im Beruf fokussiert. Persönlichkeit und Berufspraxis lassen sich differenzieren, nicht aber voneinander trennen - zumal dann nicht, wenn die Berufsausübung einer personalen Berufung entspringt.

sche Sozial- und Humanwissenschaftlerinnen und -wissenschaftler, beispielsweise der Gestaltpsychologe Kurt Lewin und Ruth Cohn, die der Humanistischen Psychologie zuzurechnende Begründerin der Themenzentrierten Interaktion, ins Ausland, insbesondere in die Vereinigten Staaten auswandern und in diesen Beratungsstellen als Psychologinnen und Psychologen, als Pädagoginnen und Pädagogen Anstellungen finden. In dieser *zweiten Phase der Supervision (ca. 1900-1950)* erscheinen Supervisorinnen und Supervisoren zunehmend als *Pädagoginnen und Pädagogen* sowie als *Therapeutinnen und Therapeuten*[143].

Einige von ihnen kehren nach dem Zweiten Weltkrieg nach Europa zurück und bringen ihre supervisorische Kompetenz dort ein. In den 50er Jahren finden Supervision und Praxisberatung als Methoden Eingang in verschiedene Ausbildungskonzepte und auf diese Weise offizielle Anerkennung. Diese *dritte Phase der Supervision (ca. 50er Jahre)* zeigt Supervisorinnen und Supervisoren vorwiegend als *Methodenlehrerinnen und -lehrer*.

In den 60er Jahren erfolgt eine Expansion der Supervision in solchem Ausmaß, daß sie sich in Aus-, Fort- und Weiterbildung sozialer Berufe etabliert. Zur Qualifikation von Supervisorinnen und Supervisoren gehören die Auseinandersetzung mit der eigenen Person, ihre Lehrbefähigung und sozialarbeiterische Praxis. Dazu zählt neben sozialer Einzelhilfe ("social casework") immer mehr auch Gruppenarbeit ("social group work"). In diesem Bereich konsolidiert sich die Supervision: Die *vierte Phase der Supervision (ca. 60er Jahre)* bringt in wachsendem Maße *Gruppensupervisorinnen und -supervisoren* hervor.

Die 70er Jahre führen zu einer neuerlichen Weitung des Bereichs, in welchem Supervision gebraucht oder diskutiert wird, auch in die Seelsorge hinein. Die in der aufkommenden Gemeinwesenarbeit Engagierten fühlen sich nicht allein einem einzelnen "Fall" oder einer Kleingruppe verpflichtet, sondern in erster Linie einem Gemeinwesen und den dort ansässigen Menschen. Sie wehren sich gegen Supervision, sofern ihnen diese als großer bürokratisch kontrollierender "Big Brother" erscheint. Supervision ist dem politischen Diskurs ausgesetzt und entfaltet - diesen aufnehmend - ihrerseits emanzipatorische Bestrebungen, so daß in einer *fünften Phase der Supervision (ca. 70er Jahre)* Supervisorinnen und Supervisoren als *soziale Veränderinnen und Veränderer* erscheinen.

Diese Entwicklung führt zu einer pragmatischen Wende, die sich dreifach

---

[143] Dabei unterscheiden sich Therapeutinnen und Therapeuten von Supervisorinnen und Supervisoren darin, daß erstere persönliche Kompetenzen fokussieren, letztere dagegen auf berufliche Beziehungen und Fähigkeiten ihr Augenmerk richten.

charakterisieren läßt. Es erfolgt zum ersten die *Hinwendung zu einem konkreten Handlungsfeld*, insofern methodische Kompetenzen allein nicht genügen und einer Ergänzung durch berufsgruppenspezifisches Feldwissen bedürfen. Zum zweiten überschreitet die Teamsupervision die Grenzen herkömmlicher Supervision zur *Organisationsberatung*. Zum dritten kämpfen Supervisorinnen und Supervisoren um ihre *professionelle Rollenidentität* und erhoffen Unterstützung nicht zuletzt durch Forschung und Theoriebildung. In dieser anhaltenden *sechsten Phase der Supervision (seit den 80er Jahren)* finden sich Supervisorinnen und Supervisoren *zwischen Psychotherapeutinnen und Psychotherapeuten einerseits sowie Organisationsberaterinnen und -beratern andererseits*. Darum erscheint es mir geboten, die *Frage nach heutigen Konzepten* von Supervision zweifach anzugehen: zum einen im Sinne psychologisch orientierter Supervision, zum anderen im Sinne von Organisationsberatung.

2.1.1.3. Heutige Konzepte von Supervision und Organisationsberatung

2.1.1.3.1. Psychologische Supervision

Auf der einen Seite finden sich Therapeutinnen und Therapeuten, die psychologische Supervision anbieten und brauchen. Was ist Supervision heute? Es handelt sich um ein *Arbeitsverfahren, das der Reflexion professioneller Beziehungen von Menschen sowie der Erweiterung berufspraktischer Kompetenzen dient.* Supervision geht von der Problematik und dem spezifischen Anliegen aus, das eine Supervisandin, ein Supervisand schriftlich oder mündlich einbringt, möglicherweise mittels *Tonbandaufnahme* eines Gesprächsausschnitts oder mittels *Verbatim*. Beim Verbatim handelt es sich um das Protokoll eines Gesprächsausschnitts aus dem Gedächtnis einer Supervisandin, eines Supervisanden, das sie oder er im Anschluß an ein Gespräch anfertigt und in der Supervision vorlegt.
Es lassen sich mehrere Phasen einer Supervision unterscheiden[144]: Der *Falleinbringung* folgt eine *Informationssammlung* und dieser eine *Problembearbeitung*, in der verschiedene Hypothesen und Perspektiven gegeneinander abgewogen werden. Die Phase der *Auswertung* schließt die Supervision ab.

---

[144] s. Anna Auckenthaler, Supervision, in: Roland Asanger & Gerd Wenninger (Hrsg.), Handwörterbuch Psychologie, 4. Auflage, München - Weinheim: Psychologie-Verlags-Union, 1988, 763-767.

Supervision erfolgt einzeln oder in einer Gruppe - durch Introspektion (Selbstöffnung), Reflexion der eigenen beruflichen Praxis und Auseinandersetzung mit der eigenen Person, auch mit Supervisions-"Geschwistern" und der Supervisorin, dem Supervisor. Dieses Verfahren umfaßt sowohl die Supervision der ersten praktischen Erfahrungen während der Ausbildungszeit als auch den fortdauernden kollegialen Austausch in der Folgezeit der Berufsausübung. Kollegiale Supervision findet ohne Ausbilder oder externe Supervisoren statt, so daß die Supervisandinnen und Supervisanden *einander* Supervisorinnen und Supervisoren sind.

Wie wirkt psychologische Supervision? Ihre vielfältigen *Wirkweisen* lassen sich zu vier Faktoren bündeln[145]. Psychotherapeutisch Tätige sind emotionalen Belastungen, oft starkem psychischem Druck ausgesetzt; daraus resultiert eine erste Zielsetzung und Wirkweise von Supervision: sie dient der *persönlichen Entlastung der Helfenden (1)*, auch der Prophylaxe, sofern sie durch das immer neue Ausloten von Nähe und Distanz in der Beziehung zu Klientinnen und Klienten schwere Belastungen vorzubeugen sucht. Dabei bietet die Supervision einen Schutzraum, welcher den Supervisandinnen und Supervisanden menschliches Wachstum[146] ermöglicht. Der Supervisor und die Supervisorin verkörpern ein wertschätzendes Gegenüber. Sie fungieren als *akzeptierendes Gewissen der Helfenden (2)*, insofern diese in einer Atmosphäre der Duldsamkeit ihrem oftmals perfektionistischen Druck begegnen können, allen Problemen, mit denen sie konfrontiert werden, gewachsen sein zu müssen.-
Ein weiterer Faktor ist die *Auseinandersetzung mit Konflikten (3)*, die in der praktischen Arbeit auftreten, aber in einer Gruppensupervision auch unter den Teilnehmenden entstehen und als *Gruppendynamik* fruchtbar wirken können.- Häufig hängen Konflikte mit der Mißachtung des Unterschieds von *Sachebene* und *Beziehungsebene* eines Gesprächs zusammen. Diese Unterscheidung traf Paul Watzlawick im Rahmen seiner in diesem Buch bereits eingeführten Kommunikationspsychologie. Anzuzielen wäre das Austragen sachlicher Differenzen auf der Grundlage einer tragenden Beziehung. Im Gefolge von Eph 4, 15 kommt es - in biblischen Worten - darauf an, die Wahrheit in Liebe zu sagen. Dies gelingt, wenn nicht die Wogen der einen Ebene auf die andere Ebene überschwappen, was aber in beiden Richtungen passieren kann: Da werden Beziehungsprobleme auf der Sachebene ausge-

---

[145] s. Walter Scobel, Was ist Supervision?, 3. Auflage, Göttingen: Vandenhoeck & Ruprecht, 1991, 51-93.
[146] s. Carl R. Rogers, On Becoming a Person, Boston: Mifflin, 1961.

tragen, indem das heiße Eisen ("Du hältst Deine Gefühle vor mir völlig verborgen.") auf theoretischer Ebene verhandelt und damit abgekühlt wird ("Ich schätze die Bedeutung von Emotionen für einen Beziehungsprozeß recht hoch ein."). Diese Verlagerung führt aber nicht weit, wenn es um die konkrete Beziehung zweier Menschen - und nicht um den Austausch von Konzeptionen - geht. Umgekehrt kann eine Sachdiskussion ("Du denkst darüber anders als ich.") auf die Beziehungsebene ausgreifen ("Du magst mich wohl nicht mehr."), obwohl die Klärung einer inhaltlichen Differenz genügen würde. Mit diesen Ausführungen will ich nicht leugnen, daß beide Ebenen einander auch stützen können, indem die Sachebene mit Worten präzisiert, was auf der Beziehungsebene mehrdeutig bleibt, oder indem eine beziehungsreiche Geste ankündigt und unterstreicht, was in Worten folgt.- Zu Konflikten führen auch *blinde Flecken*, die wir *über*sehen (nicht im Sinne einer Übersicht, sondern als "darüber hinwegsehen"): Autofahrerinnen und Autofahrer wissen, daß auch eine umsichtige Fahrweise und der Blick in den Rückspiegel nicht vor dem toten Winkel schützen, der nicht in den Blick kommen kann - allenfalls dann, wenn ein anderer Mensch darauf aufmerksam macht. Ein Supervisor, eine Supervisorin bringt eine eigene Perspektive ein (von hinten den beiden Autos folgend oder von oben aus der Vogelperspektive) - gerade dadurch, daß er oder sie nicht an dieser Interaktion beteiligt ist, sondern beide Seiten und deren Beziehung eigens zu fokussieren und blinde Flecken für Supervisandinnen und Supervisanden zugänglich zu machen vermag.- Menschen sind für Wahrnehmungen offen, die zu ihrem Selbstbild passen, und manchmal (wie) blind für Ereignisse, die zu Konflikten mit ihrem Selbstbild führen würden. So mag ich davon überzeugt sein, einem Menschen besonders fürsorglich zu begegnen, indem ich ihn an manches erinnere, was er in meinen Augen vergessen könnte (ich verhalte mich gemäß meinem Selbstbild, das einen um das Wohl seiner Mitmenschen besorgten Mann zeigt), ohne zu merken, daß ich dadurch Kontrolle - gleichsam fürsorgliche Belagerung - ausübe. Ein Supervisor kann aus der Beobachterperspektive die - wenn auch zunächst als schmerzlich empfundene - Chance einräumen, sich mit diesen blinden Flecken auseinanderzusetzen und an diesem Konflikt zu wachsen. Eine solche Chance ergibt sich nur, wenn Supervisorinnen und Supervisoren mich damit kon*front*ieren, mir gleichsam die Stirn bieten, mich vor den Kopf stoßen. So braucht es *Mut* zur Supervision.- Dabei gehört es auch zur Kunst der Supervision, diesen Prozeß wieder abzuschließen. Wer darin erfahren ist, kennt den Moment, in dem "es" fertig ist, in dem "es" im Supervisanden ruhig wird, "es" mit Fragen aufhört.-
Ein weiterer Faktor läßt sich umschreiben als *Einsicht und Veränderung (4)*, die einen Menschen organismisch erfaßt, also mit Herz und Nieren oder - in

heutiger Sprache - kognitiv *und* emotional. Eine Einsicht, die im Kopfe verbleibt, *wirkt* nicht als Einsicht - ebensowenig eine emotionale Einsicht, bei der der Verstand auf der Strecke bleibt. Wechselseitiges Zuhören und Vernehmen sind die Basis für Einsicht und Veränderung.- Ein*sicht* als Wirkfaktor von Super*vision* stellt den Sehsinn ins Zentrum, der insbesondere in voyeuristischer Ausformung als Distanzsinn erscheint und Begegnendes zu fixieren, in den Blick zu *nehmen*, ja unterzuordnen droht - Blicke können sogar töten -, ganz im Sinne eines Dualismus, bei welchem zwischen sehendem Menschen und Gesehenem eine Lücke klafft, die dem *Hören* fremd ist. So kommt es in der Supervision nicht nur auf die *visio*, sondern auch auf die *auditio* an, darauf, einander ein Ohr (oder gar beide) zu schenken, aktiv zu hören - vielleicht bis hin zum *Er*hören: Welche Rolle spielt menschliches Glauben in der Supervision? Supervision als *pastorale* Supervision?

2.1.1.3.2. Organisationsberatung

Auf der anderen Seite finden sich Organisationsberaterinnen und -berater. Sie vertreten ein recht junges Denkmodell aus der bereits genannten Arbeits-, Betriebs- und Organisationspsychologie, das zentrale Fragerichtungen und Impulse vierfach bündelt[147]:

(1)   Eine Organisation basiert auf drei Elementen, nämlich *Zielen, Aufgaben* und *Personen*. Ziele bzw. Werte legitimieren eine Organisation und geben ihr eine Ausrichtung. Daraus resultieren Aufgaben, denen im Rahmen räumlicher und zeitlicher, finanzieller und technischer Ressourcen einer Organisation nachzugehen ist - durch Menschen, die diese Aufgaben erfüllen und damit zur Zielerreichung beitragen.

(2)   Eine Organisation bildet *Strukturen* aus, also *Handlungsmuster*, die unter den Mitwirkenden regelmäßig wiederkehren, näherhin drei Kernstrukturen: *Spezialisierung* (Teilung der Aufgaben unter den Personen), *Formalisierung* (Zuordnung von Zielen zu Aufgaben) und *Zentralisierung* (Hierarchisierung der Entscheidungsbefugnis von Personen im Blick auf Ziele).

(3)   Eine Organisation organisiert drei elementare *Prozesse* menschlicher Arbeit: Personen entwickeln und formulieren Ziele (*Zielentwicklung*). Ziele ermöglichen eine Planung in Schritten, die als Aufgaben zu konzipieren sind (*Problemlösung*). Schließlich braucht es Menschen, die

---

[147] s. Karl Berkel, Organisationspsychologie der Gemeinde, in: Isidor Baumgartner (Hrsg.), Handbuch der Pastoralpsychologie, Regensburg: Pustet, 1990, 303-331, v.a. 305-308.

sich als Mitwirkende gewinnen und fördern lassen (*Ausführung*).

(4) Eine Organisation ist eingebunden in eine *Umwelt*: Ziele entwickeln sich in einer *kulturellen* Umwelt, Aufgaben werden geformt und begrenzt durch ihre *materielle* Umwelt, Menschen sind geprägt durch ihre *soziale* Umwelt.

Eine Organisation zeichnet sich also durch ihre Ziele, Aufgaben und Mitarbeiter aus, durch ihre Strukturen und Prozesse, die in spezifischem kulturellem, materiellem und sozialem Umfeld ablaufen. *Organisationsberatung* kennt dabei empirische *und* normative Züge. Sie ist *empirisch*, insofern sie der Erfassung dieser Dimensionen einer Organisation dient, und zugleich *normativ*, insofern sie Möglichkeiten zur Weiterentwicklung von Organisationen und ihrer Mitglieder aufzeigt.-
Das Zweite Vatikanische Konzil greift die Spannung auf, in der Kirche lebt: "Die mit hierarchischen Organen ausgestattete Gesellschaft und der geheimnisvolle Leib Christi, die sichtbare Versammlung und die geistliche Gemeinschaft, die irdische Kirche und die mit himmlischen Gaben beschenkte Kirche sind nicht als zwei verschiedene Größen zu betrachten, sondern bilden eine einzige komplexe Wirklichkeit"[148]. Die Kirche zeigt als sichtbares Gefüge die Gestalt einer Organisation. Organisationsberatung der Kirche vor Ort, Organisationsberatung als Gemeindeberatung?

2.1.1.4. Pastorale Supervision und Gemeindeberatung - eine theologieträchtige Zukunft

Wozu pastorale Supervision und Gemeindeberatung[149]? Sind sie ein *Notstopfen*, wenn es irgendwo brennt? Dienen sie dazu, ausgebrannte Gemeindemitarbeiterinnen und -mitarbeiter wieder funktionstüchtig zu machen? Oder fungieren sie als eine *Umwälzanlage*, die strukturelle Probleme personalisiert?- Die Feuerwehrfunktion von Supervision und Gemeindeberatung läßt sich nicht von der Hand weisen; sie können aber auch möglichem Ausbrennen vorbeugen und pastorale Kompetenzen fördern. Sie brauchen nicht

---

[148] Lumen Gentium 8, in: Karl Rahner & Herbert Vorgrimler, Kleines Konzilskompendium, 18. Auflage, Freiburg i.Br.: Herder, 1985, 130.

[149] s. Baßiere, Pastorale Praxisberatung und Supervision, a.a.O., 198-203; Marcel Bodson, Die Glaubensdimension in der Pastoralen Supervision, in: Lebendige Seelsorge 45 (1994) 185-191; Thomas-Morus-Akademie (Hrsg.), Supervision im pastoralen Feld. Akzentsetzungen angesichts der Krise in der Pastoral (Bensberger Protokolle; Bd. 82), Bergisch Gladbach: Thomas-Morus-Akademie, 1994.

zu einer individualistisch verengenden Umwälzanlage zu verkommen, sondern können Perspektiven gerade weiten, auch auf gemeindliche Zusammenhänge hin. Dabei kommt es darauf an, daß Supervision und Gemeindeberatung von Frauen und Männern getragen werden, die ein hohes Maß an *Feldwissen* mitbringen, aber in keinem Abhängigkeitsverhältnis zu Supervisandinnen und Supervisanden sowie zu beratenden Gemeinden stehen, so daß Super*vision* eine möglichst *freie Sicht* gewährt.

Auch theologisch dürfen Supervision und Praxisberatung nicht blind (oder taub) sein. So findet Praxisberatung bereits in den 70er Jahren Erwähnung in der von der Deutschen Bischofskonferenz verabschiedeten Rahmenordnung für die Priesterbildung: "Zur Einübung in die priesterlichen Grundaufgaben und zur Vorbereitung auf die Übernahme des priesterlichen Leitungsdienstes bedarf es ... der Reflexion der vorgefundenen Situation sowie des eigenen pastoralen Tuns, auch im Hinblick auf die theologischen Prinzipien, an denen es sich orientiert ... . Hilfen dazu sind: regelmäßige Dienstbesprechungen, pastorale Planungsgespräche ..., Studientage, Fortbildungskurse, Praxisberatung."[150]

Praxisberatung - sei es als psychologisch orientierte Supervision, sei es als Organisationsberatung - also auch in pastoralem Kontext? Es kann nicht darum gehen, ein fertiges "profan"-wissenschaftliches Konzept in ein (pastorales) Feld zu implantieren. "Pastoral" verkäme sonst zu einer bloß topographischen Bezeichnung und verlöre ihren konzeptionellen Charakter. Dabei sind Supervision und Organisationsberatung jedoch nicht pastoraltheologisch belanglos. Schließlich bringt das Zweite Vatikanische Konzil in seiner Pastoralkonstitution unmißverständlich zum Ausdruck, daß in der Seelsorge theologische Prinzipien, aber auch "Ergebnisse der profanen Wissenschaften, vor allem der Psychologie und der Soziologie, wirklich beachtet und angewendet werden"[151] sollen. Dennoch bedarf *pastorale* Praxisberatung einer eigenen theologischen Profilierung. Welche Wege tun sich dabei auf?

---

[150] Sekretariat der Deutschen Bischofskonferenz (Hrsg.), Rahmenordnung für die Priesterbildung (Hirtenschreiben der Deutschen Bischöfe; Bd. 15), Bonn 1978, 66f.
[151] Gaudium et Spes 62, in: Karl Rahner & Herbert Vorgrimler, Kleines Konzilskompendium, a.a.O., 515.

2.1.1.4.1. Pastorale Supervision

Christliche Praxis kennt dreierlei "Dienstwege": Glaubensdienst (*Verkündigung*), Gottesdienst (*Liturgie*) und Menschendienst (*Diakonie*). Diese drei Wege sind einander wechselseitig zugehörige gleichursprüngliche Vollzüge christlicher Praxis und eröffnen die Bildung von Kriterien einer pastoralen Praxisberatung. Die Förderung von Wachstum und beruflicher Kompetenz von Seelsorgerinnen und Seelsorgern im Rahmen von Supervision zielt dann darauf ab einzuüben, sich auf suchende und leidende Menschen diakonisch einzulassen. Dabei meint diakonische *Nächstenliebe* in Einheit mit der *Gottesliebe* und als primärer Akt der Gottesliebe wirklich die Nächsten selbst: "Es ist radikal ... wahr, daß, wer den Bruder, den er 'sieht', nicht liebt, auch Gott, den er nicht sieht, nicht lieben kann und einer Gott, den er nicht sieht, nur lieben kann, *indem* er liebend den sichtbaren Bruder liebt."[152] Zudem schließen Nächsten- und Gottesdienst die Kompetenz ein, botschaftsbezogen mit Symbolen und Ritualen umzugehen, wie sie christliches Leben in Fülle kennt. Die Botschaftsbezogenheit drückt die Verwobenheit von Gottes- und Nächstendienst mit dem *Glaubensdienst*, also mit mystagogischer Verkündigung aus. Mystagogische Pastoral deutet praktisch an, wovon sie inhaltlich spricht; Seelsorgerinnen und Seelsorger erzählen von Gottes Treue, indem sie selbst treu mit anderen Menschen mitgehen. Verkündigung erfolgt behutsam: Ein leidender Mensch kann die Andeutung einer Lebensdeutung (auf der Sachebene) nur wahrnehmen und für wahr halten, wenn sie ihm beziehungspraktisch, nonverbal bereits spürbar ist (durch die Präsenz eines Seelsorgers). Indem pastorale Supervision die Kompetenz von Seelsorgerinnen und Seelsorgern fördert, schenkt sie ihrem Handeln den Raum, in welchem diese drei Dienste zusammenspielen können.

Zugleich läßt sich pastorale Supervision so anlegen, daß diese selbst zum *Ereignis dieser Grunddienste* werden kann. Sie vermag diakonisch zu wirken, wenn ein Seelsorger darin sich selbst als unfertig und bedürftig erleben darf, seine Bedürftigkeit mit anderen Menschen solidarisch teilt und gerade so in Berührung kommt mit dem Geheimnis seiner Geschichte mit Gott. Eine diakonische Supervision schließt eine liturgisch-symbolische und eine mystagogisch-verkündigende Kultur ein: Wie können angesichts meiner Erfahrungen als Seelsorger Glauben und Hoffnung wachsen? Welche Ängste und Schmerzen stehen ihnen im Wege? Dabei fällt mir der Text einer Pionierin der Supervision ein. Irmgard Schönhuber drückt darin wenige

---

[152] Karl Rahner, Über die Einheit von Nächsten- und Gottesliebe, in: ders., Schriften zur Theologie, Bd. VI, Einsiedeln: Benziger, 1965, 277-298, 295.

Monate vor ihrem Tod im Jahr 1974 ihre Wünsche und Hoffnungen für die weitere Entwicklung von Supervision aus: "Ich muß gestehen, daß ich es bisher nicht gewagt habe, die Eigenschaften demütig, liebevoll und mutig in den Lernzielkatalog für eine Supervisorenausbildung aufzunehmen. Genauso wenig Kategorien wie Glaube an den Menschen, Hoffnung. Trotzdem möchte ich sagen, daß ich bei anderen und bei mir erfahren habe, was es z.B. heißt, füreinander zu hoffen. Es fällt uns im allgemeinen leichter, über Lernblockierungen und Abwehrmechanismen, über Lerndiagnosen und Qualifikationsnachweis zu sprechen, weil wir gelernt haben, kluge Worte zu gebrauchen, um unser Herz zu verbergen. Vielleicht könnten wir durch die neue Ausgabe von Supervision, die ich mir manchmal erträume, einander auch von diesen Resten von Angst befreien."[153]

Die *communiale Gemeinschaft* zähle ich hier nicht zu den (drei) Grunddiensten. Sie ist jedoch als "Grundzug aller Seelsorge"[154] sowohl Grundlage und Ort dieser Dienste als auch deren Wirkung, insofern sie aus Glaubens-, Gottes- und Nächstendienst gespeist und gestärkt wird. Der Seelsorger in Supervision ist gemeindlich verankert, und die Praxisberatung selbst kann gemeinschaftsstiftend wirken. Damit leite ich über zur Gemeindeberatung.

2.1.1.4.2. Gemeindeberatung

Gemeindeberaterinnen und -berater handeln in diözesanem Auftrag, der sich wie folgt umschreiben läßt: "*Gemeindeberatung ist der Versuch, mit Hilfe eines oder mehrerer von außen Kommender der Gemeinde zu helfen, ihre Probleme und Aufgaben in ihrem gesellschaftlichen Umfeld möglichst klar zu erkennen und ihre eigenen Möglichkeiten zu entdecken.* Die Hauptaufgabe der Gemeindeberatung ist es, der Gemeinde zu helfen, sich selber zu sehen, ihre eigenen Ziele und Methoden zu finden, und schließlich, ihr dabei zu helfen, diese Ziele zu erreichen. Sie zielt also auf Nachdenken, Neubesinnung, gegebenenfalls auf Veränderung von Zielen, Verhalten und Organisationsformen in der Gemeinde. Sie geht dabei davon aus, daß die Voraussetzungen für eine Erneuerung oder Veränderung in der Gemeinde selber vorhanden sind."[155]

---

[153] Irmgard Schönhuber, unveröffentlichtes Manuskript, 1974, zitiert nach: Weigand, Zur Rezeptionsgeschichte der Supervision in Deutschland, a.a.O., 55.

[154] Leo Karrer, Zum Christ-Sein ermutigen. Welche Dienste bzw. Ämter braucht das Volk Gottes heute?, in: Walter Krieger & Alois Schwarz (Hrsg.), Amt und Dienst - Umbruch als Chance, Würzburg: Echter, 1996, 92-117, 109.

[155] Ingrid Adam & Eva Renate Schmidt, Gemeindeberatung, Gelnhausen - Berlin: Burck-

Theologisch kann es also nicht darum gehen, eine Gemeinde gleichsam zu "managen". Gemeinde versteht sich als Ort, an dem Kirche Ereignis wird (z.B. 1 Kor 1,2: Brief an die "Kirche Gottes, die in Korinth ist") - Gemeinde ist also nicht "machbar", nicht "herstellbar" -; Karl Rahner formuliert: "Was dem neuen Christen in seiner Gemeinde begegnet, wird er nicht mehr - wie bisher - erfahren als Geschehen *in* der Kirche, sondern als das Ereignis der Kirche."[156]

Organisationsentwicklung und Gemeindeberatung können jedoch in Wachstumsbildern zusammenfinden, wovon biblische Texte reich sind (z.B. Mk 4). Beiden geht es darum, Bedingungen zu schaffen, in denen Gemeinde wachsen kann - durch die Förderung einzelner Charismen wie auch der Gemeinde als ganzer. In diesem Sinne kann Gemeindeberatung zur Ekklesiogenese beitragen[157]. Supervision meint nicht allein ein individuelles Angebot an den einen amtlich bestellten Seelsorger, sondern kennt eine gemeindliche Perspektive. Denn die "Gemeinde als ganze, mit all ihren Charismen und Diensten, auch dem des Amtes, ist Trägerin der Seelsorge."[158]

Organisationsberatung richtet sich auf Aufgaben, Personen und Ziele einer Organisation, etwa einer Gemeinde, die - wie ausgeführt - als Kirche nicht nur, aber auch organisational verfaßt ist. Daraus ergeben sich etliche Fragen[159]: Welche Anforderungen stellen pastorale *Aufgaben* an Gemeindemitarbeiterinnen und -mitarbeiter, und welche Motivation zeigen diese für diese Aufgaben? Wie kommunizieren die mit pastoralen Aufgaben betrauten *Personen* miteinander, (wie) gehen sie mit Konflikten um? Welche *Ziele* verfolgen sie - aufgrund welcher Visionen?

Zur Auseinandersetzung mit solchen Fragen kann Super-Vision im Sinne von Gemeindeberatung beitragen. Diese zielt *nicht* auf ein *fremdorganisiertes Management* ab, *sondern* legt *selbstorganisierende Wachstumskräfte* einer Gemeinde (-gruppe) und ihrer Mitglieder frei[160]. Was damit gemeint

---

hardthaus, 1977, 50.

[156] Karl Rahner, Das neue Bild der Kirche, in: ders., Schriften zur Theologie, Bd. VIII, Einsiedeln: Benziger, 1967, 329-354, 337.

[157] s. Franz Lummer, Gemeindeberatung, in: Isidor Baumgartner (Hrsg.), Handbuch der Pastoralpsychologie, Regensburg: Pustet, 333-347.

[158] Seelsorgereferat der Diözese Rottenburg-Stuttgart (Hrsg.), Pastorale Perspektiven (Materialdienst; Bd. 34), Rottenburg 1992, 15. Bereits im Jahr 1964 nennt Viktor Schurr "die ganze Gemeinschaft der Kirche das aktuose Subjekt der Seelsorge" (Schurr, Seelsorge (I), in: Michael Buchberger (Hrsg.), Lexikon für Theologie und Kirche, Bd. 9, 2. Auflage, Freiburg i.Br.: Herder, 1964, 579-583, 581; diesen Hinweis verdanke ich Karrer, Zum Christ-Sein ermutigen, a.a.O., 97).

[159] s. Berkel, Organisationspsychologie der Gemeinde, a.a.O., 308-328.

[160] s. Reimund Böse & Günter Schiepek, Selbstorganisation, in: dies., Systemische Theorie

sein könnte, möchte ich in einem dieses pastoralpsychologische Thema abschließenden Bild andeuten.

2.1.1.5. Ausblicke

Die "friendly visitors" aus der Anfangszeit der Supervision waren Ehrenamtliche. Die Kirchen brauchen ihre Wertschätzung des Ehrenamts nicht dadurch zu verdeutlichen, daß sie aus ihnen "paid agents" machen; sie könnten diese Wertschätzung aber auf die Weise unterstreichen, daß sie den ehrenamtlich Wirkenden Supervision anbieten, die in vielfältigen Belastungssituationen hilfreich sein kann. Es existieren diözesane[161] und universitäre[162] Einrichtungen, die pastorale Praxisberatung anbieten, sowie pastoralpsychologische Möglichkeiten zur Supervision und zur Supervisionsausbildung[163]. Abschließend komme ich auf das einleitende Bild zurück: die Tomaten auf dem Balkon. Förderung des Wachstums eines einzelnen Pflänzchens, eines einzelnen kirchlichen Mitarbeiters kann in pastoraler Supervision gerade dann gelingen, wenn dieser in seinem Lebenszusammenhang erscheint und sich *unter offenem Himmel* ein Lebensraum auftut (so verdient *Super*vision ihr Präfix!). Das folgende Bild stammt von einem Pfarrer, der sich seiner Gemeinde zugehörig fühlt und ihr zugleich gegenübertritt. Es ist ein Bild, das ausmalt, wozu pastorale Supervision und Gemeindeberatung beitragen können - das Bild von der Gemeinde als Biotop, das Raum für vielgestaltiges Leben öffnet und doch einen geschützten Lebensraum bietet:
"Vor vielen Jahren habe ich im Pfarrgarten ein Biotop angelegt. Dieses Biotop verlangt von mir, daß ich im Laufe des Jahres einige Pflanzen zurück-

---

und Therapie. Ein Handwörterbuch, Heidelberg: Asanger, 1989, 139-142; vgl. Wolfgang Schrödter, Verstehen, Selbstaktualisierung und Selbstorganisation - Schlüsselkonzepte für Beratung und Supervision?, in: Ursula E. Straumann & Wolfgang Schrödter (Hrsg.), Verstehen und Gestalten. Beratung und Supervision im Gespräch, Köln: GwG, 1998, 63-98. Gemeindliche Perspektiven eröffnen Herbert Lindner, Kirche am Ort. Eine Gemeindetheorie (Praktische Theologie heute; Bd. 16), Stuttgart - Berlin - Köln: Kohlhammer, 1994, 60-65, und Werner Gatzweiler, Ein systemtheoretischer Ansatz zur Beschreibung der Gemeindewirklichkeit einer Kirchengemeinde als soziales System, unveröffentlichte Diplomarbeit zum Erwerb des caritaswissenschaftlichen Diploms, Freiburg i.Br. 1996.

[161] s. z.B. Bruno Ernsperger, Erfahrungen mit pastoraler Praxisberatung, in: Lebendige Seelsorge 35 (1984) 334-337.

[162] Supervision ist Bestandteil z.B. des Aufbaustudiums Caritaswissenschaft an der Universität Freiburg i.Br..

[163] Die Deutsche Gesellschaft für Pastoralpsychologie (DGfP) versteht sich als Fachverband für Seelsorge, Beratung und Supervision.

schneide und im Sommer, wenn es trocken wird, ein paar Eimer Wasser zuschütte. Mein Biotop verlangt vor allem von mir, daß ich es in Ruhe lasse. Nur so können sich viele, mir völlig unbekannte Lebewesen entwickeln. Nur so können sich in der Gemeinde viele mir (noch) unbekannte Charismen entfalten. Mein Biotop hat mich vor allem dies gelehrt: Menschen zu ermuntern, daß sie ihrer Sehnsucht folgen (oder den Ruf Gottes an sie hören).

An einem sonnigen, warmen Tag im Frühjahr steigen die Larven der Libellen an Schilfhalmen hoch und daraus schlüpfen dann die Libellen. Wenn ihre Flügel trocken sind, fliegen sie weg. Die Larven verlassen meist zusammen den Teich. Aber jede muß allein an einem Schilfstengel emporkriechen und den Teich, der bis jetzt ihre Lebenswelt war, verlassen. ... und ich frage mich ...: ist das Biotop 'Gemeinde', in der du lebst und arbeitest, so, daß einzelne den Mut bekommen, aus dem schützenden Lebensraum auszufliegen? ... stärkst du in dir und den anderen die Sehnsucht nach Fliegen und Himmel?"[164]

Mit dieser Frage möchte ich meine Ausführungen zu Supervision und Gemeindeberatung, einem aufstrebenden Zweig der Pastoralpsychologie, abschließen. In diese noch junge praktisch-theologische Disziplin wollte ich mit diesem Thema zumindest exemplarisch einführen.

2.2. Religionspsychologie

Während Pastoralpsychologie der Praktischen *Theologie* zuzurechnen ist, versteht sich Religionspsychologie als eine *psychologische* Disziplin. Ihr Gegenstand ist die menschliche Religiosität[165] bzw. Spiritualität[166], also die je subjektive religiöse Erfahrung, ihre Ausdrucks- und Verhaltensweisen bei einzelnen und Gruppen.

Religionspsychologie kennt vielfältige Ansätze, beschreibende - William James' (1842-1910) Studie[167] zur Vielfalt religiöser Erfahrung aus dem Jahr

---

[164] Franz Breid, Daten und Impulse zur Landpastoral. Ergebnisse der Dekanatsuntersuchung Sarleinsbach, Linz - Wien: Veritas, 1982; aufgegriffen durch Paul M. Zulehner, Pastoraltheologie, Bd. 2: Gemeindepastoral, Düsseldorf: Patmos, 1989, 213, und "aus-gezeichnet" bei Gebhard Reichert, Kommt die "Gemeinde" als pastorale Leitidee an Grenzen? Eine Anfrage, in: Lebendige Seelsorge 46 (1995) 209-213, 212f.

[165] Z.B. Hans-Jürgen Fraas, Die Religiosität des Menschen. Ein Grundriß der Religionspsychologie, 2. Auflage, Göttingen: Vandenhoeck & Ruprecht, 1993, 9.

[166] Z.B. Michael Utsch, Religionspsychologie. Voraussetzungen, Grundlagen, Forschungsüberblick, Stuttgart - Berlin - Köln: Kohlhammer1998,96-104.

[167] William James, Die Vielfalt religiöser Erfahrung. Eine Studie über die menschliche Natur (1902), Frankfurt am Main: Insel, 1997.

1902 kann dabei als religionspsychologischer Klassiker gelten, der auf religiöse Erfahrung setzt, nicht auf das Fürwahrhalten von Sätzen - ebenso wie tiefenpsychologische und humanistisch-psychologische. Diese Ansätze tauchen in diversen psychologischen Disziplinen auf, etwa in der Motivationspsychologie mit der Frage nach spezifisch christlicher Hilfsmotivation - ich erinnere an das hier diskutierte Beispiel vom barmherzigen Samariter -, in der Persönlichkeits- und Sozialpsychologie, insbesondere aber in der Entwicklungspsychologie sowie in der Klinischen Psychologie. Auf die letzteren beiden, also auf Religionspsychologie in entwicklungs- und klinisch-psychologischem Kontext, werde ich zurückkommen.

Zentrale Arbeitsgebiete der Religionspsychologie sind Zusammenhänge zwischen Religiosität und psychischen Phänomenen, Gottesbilder, religionspsychopathologische Erscheinungen und die religiöse Entwicklung - bis hin zu reifer Religiosität. Doch wie läßt sich reife Religiosität charakterisieren? Mögliche Kriterien[168] sind die Entfaltung der Persönlichkeit, die Gestaltung der Beziehung zu Mit- und Umwelt, Weite im Glaubensvollzug, eine Haltung des Suchens, Kreativität sowie Sinn für Humor.

Im folgenden möchte ich zwei religionspsychologische Studien präsentieren und zur Diskussion stellen. Deren erste ist der Entwicklungspsychologie nahe, deren zweite der Klinischen Psychologie.

2.2.1. Religiöse Emotionen und religiöses Urteil

Religiosität - ein Thema, das in der deutschsprachigen psychologischen Forschung vielleicht noch heute stärker tabuisiert ist, als es etwa Sexualität je war! Und auch eine vorsichtig aufkeimende Religionspsychologie wurzelt in ihren empirischen Arbeiten in primär *kognitiv* orientierten Ansätzen, während die *emotionale* Dimension religiösen Erlebens ein Schattengewächs in der Forschungslandschaft zu sein scheint. Diese Diagnose trifft insbesondere auf Jugendstudien zu, obwohl doch Fragen nach Orientierung, Lebenssinn und -entwürfen gerade in dieser Lebensphase drängend sind. Verheißungsvoll finde ich darum die Untersuchung möglicher religiös geprägter Emotionen, wie sie Hartmut Beile jüngst vorgelegt hat[169]. Er schreibt: "Religiosität ist die Beziehung des einzelnen Menschen zu Gott oder dem Transzenden-

---

[168] s. dazu Rebell, Psychologisches Grundwissen für Theologen, a.a.O., 169-172.

[169] Hartmut Beile, Religiöse Emotionen und religiöses Urteil. Eine empirische Studie über Religiosität bei Jugendlichen (Zeitzeichen; Bd. 4), Ostfildern: Schwabenverlag, 1998; s. auch - zusammenfassend - Hartmut Beile, Religiosität bei Jugendlichen - eine empirische Untersuchung, in: Lebendige Seelsorge 49 (1998) 303-307.

ten. Religiöse Emotionen sind Emotionen, die der einzelne Mensch in seiner Beziehung zu Gott oder dem Transzendenten erlebt. Religiöse Kognitionen betreffen die Gedanken und Erkenntnisse des Menschen in seiner religiösen Beziehung."[170]

Welche Emotionen spielen im Erleben von Religiosität, also in der Beziehung zu Gott oder einem Transzendenten, eine tragende Rolle? Wovon fühlen sich Jugendliche dabei berührt? Tauchen gar Emotionen auf, die in dieser Beziehung spezifisch sind? Lassen sich Zusammenhänge zu Geschlecht, Bildungsstand, Konfession und Wohnort der Jugendlichen ausmachen? Beile widmete sich in seiner psychologischen Dissertation diesen Fragen. Er ging vom Konzept des religiösen Urteils aus, das die Fribourger Forschungsgruppe um Fritz Oser im Anschluß an Jean Piaget entwickelte und weiter fortschreibt. Diesem Ansatz zufolge kann sich die Religiosität eines Menschen über dessen gesamte Lebensspanne hin verändern - und zwar in Stufen. Sie bilden Stationen auf einem Weg, der seinen Ausgang bei starker Abhängigkeit eines Menschen von Gott nimmt, zu wachsender menschlicher Autonomie führen und schließlich in eine von Gott geschenkte Freiheit und Zwischenmenschlichkeit münden kann. Im einzelnen schlagen Oser und Gmünder[171] folgende Stufung vor:

(1) Stufe 1 kennzeichnen sie durch absolute Heteronomie des Menschen: das Letztgültige - bei Beile das Transzendente und im christlichen Kontext Gott - wirkt in direkter Weise auf uns Menschen ein, und ein Mensch ist bloße Reaktion, ist fremdbestimmtes Vollzugsorgan, gleichsam Marionette dieses Letztgültigen, dieses Gottes, der wie ein "deus ex machina" im antiken Theater erscheint.

In einer Übergangsstufe fällt einem Kind beispielsweise auf, daß Gott schönes Wetter nicht einfach "macht" - die Witterung hängt vielmehr mit der Konstellation von Wolken und Wind zusammen.

(2) Daraus resultiert Stufe 2, die einen Menschen nicht mehr ausschließlich an den Fäden sieht, die allein Gott in Händen hält; ein Mensch entdeckt seinerseits Möglichkeiten, auf das Letztgültige bzw. auf Gott Einfluß auszuüben. Er hat Mittel in seiner Hand, vergleichbar vielleicht den griechisch-römischen Seefahrern, die vor ihren Ausfahrten Opfer für ihre Götter darbrachten, um sie gnädig zu stimmen und gute Winde zu bekommen. Diese Stufe läßt sich mit den Worten "do ut des" umschreiben: ich gebe, damit du gibst - ich gebe Opfer, damit du, Gott, gute

---

[170] Beile, Religiöse Emotionen und religiöses Urteil, a.a.O., 21.
[171] Fritz Oser & Paul Gmünder, Der Mensch - Stufen seiner religiösen Entwicklung. Ein strukturgenetischer Ansatz, 4. Auflage, Gütersloh: Mohn, 1996.

Winde gibst.

In einer weiteren Übergangsstufe widerfährt diesem Menschen etwas Unverfügbares, ein Geschehen, das den Rahmen des Do-ut-des-Prinzips sprengt, so daß dieser sich entwickelnde Mensch geneigt ist, von solchem Tauschhandel abzulassen.

(3) Auf der nun folgenden Stufe 3 verläßt er sich ganz auf seine eigenen Entscheidungskompetenzen und Handlungsmöglichkeiten; ein Mensch emanzipiert sich aus jeglicher Abhängigkeit von einem Letztgültigen und strebt nach absoluter Autonomie, vergleichbar einer deistischen Konzeption, derzufolge Gott die Welt zwar geschaffen hat, sie dann aber sich selbst überläßt. Darum ist die Beziehung eines Menschen zu seinem Gott auf dieser Stufe häufig durch Negation gekennzeichnet, manchmal aber auch durch eine Adoration, eine Bewunderung und Verehrung, die allerdings so starke Züge annimmt, daß das bewunderte und verehrte Gegenüber in weiter Distanz bleibt und der menschlichen Autonomie keineswegs gefährlich wird.

Und doch mag sich in einer weiteren Übergangsstufe eine Erkenntnis einstellen, die sich mit diesen Worten zusammenfassen läßt: "Alles kommt irgendwoher." Damit kündigt sich eine erneute Rückbindung des Menschen an ein Letztgültiges an, allerdings ohne daß dieser Mensch dadurch erneut zu einer göttlich geführten oder gar gegängelten Marionette würde.

(4) Auf Stufe 4 hält sich ein Mensch weiterhin für selbstverantwortlich, doch er fragt nach den Bedingungen dieser Möglichkeit, frei und selbstverantwortlich entscheiden und handeln zu können. Die Autonomie wandelt sich von einer absoluten zu einer vermittelten; menschliche Autonomie und Gottes Heilsplan spielen zusammen.

(5) Durch einen weiteren Übergang kann es zur Weiterentwicklung auf eine Stufe 5 kommen, deren Konzeption allerdings weniger auf empirischen Befunden basiert, sondern vielmehr dem Rahnerschen Denken erwachsen sein dürfte, wie ich vermute. Diese Stufe läßt sich charakterisieren als umfassende Vermitteltheit von Gott und Welt, Gott und menschlichem Dasein. Menschen gestalten Geschichte, und Gottes Ziel ist der Mensch: Gott durchdringt und transzendiert zwischenmenschliche Beziehungen im Sinne religiöser Intersubjektivität und anthropologischer Religiosität.

Dieses in seiner Stufung knapp skizzierte Konzept der Fribourger Arbeitsgruppe um Fritz Oser läßt Raum auch für Emotionen; seine empirische Umsetzung jedoch rückte kognitive Argumentationsstränge in den Vordergrund.

Dieser Einengung wollte Hartmut Beile mit seinem Vorgehen entgegenwirken, indem er sein methodisches Instrumentarium gegenüber der Schweizer Gruppe ausweitete. Seine Untersuchung basierte auf einer Fragebogenerhebung an 196 Jugendlichen und einer Interviewstudie. Letztere bildete das Herzstück seiner Arbeit: Darin konfrontierte er 52 Jugendliche zwischen 15 und 20 Jahren mit einer Dilemmasituation, die ein religiöses Grundproblem anspricht. Er beschränkte sich nicht auf die zur Ermittlung religiöser Urteilsstufen typischen Interviews, sondern ergänzte diese durch eine Exploration damit einhergehender Emotionen sowie einige Fragebögen zu Religiosität und (religiöser) Sozialisation.

Einige zentrale Ergebnisse: Jugendliche mit einem religiösen Selbstverständnis erleben in ihrer Beziehung zu Gott oder einem Transzendenten besonders häufig positiv getönte Emotionen: Glück, Dankbarkeit, Vertrauen, Freude und Geborgenheit. Weniger oft tauchen Angst und Wut auf, noch seltener Schuld, Trauer, Ehrfurcht und Sehnsucht. Einige der befragten Jugendlichen schildern spezifisch religiöse Emotionen, etwa die aus Mystik und Religionsphilosophie bekannte Gleichzeitigkeit von Glück und Schauer. Beile konnte die Grundannahmen der Stufentheorie des religiösen Urteils bestätigen, diskutierte jedoch auch ihre methodischen Probleme und den deutlich werdenden Bedarf einer eigenen (Stufen-) Beschreibung für die Entwicklung Jugendlicher, die sich selbst als *nicht*religiös verstehen. Zudem zeigen sich erste Zusammenhänge zwischen religiösen Emotionen und einzelnen Entwicklungsstufen: So tauchen Ängste und Stolz in der Gottesbeziehung primär auf den ersten beiden Stufen auf; religiöse Zweifel bewegen vor allem Menschen auf mittlerer Stufe, sofern sie nicht religiös-emotional indifferent bleiben; und Menschen, die höhere Stufen erreichen, zeigen vielfältige Emotionen, auch solche, die ihren Angaben zufolge ausschließlich religiösem Erleben vorbehalten sind. Insgesamt scheinen zunächst primär *kognitive* Veränderungen den Prozeß zu bestimmen, während auf höheren Stufen *Emotionen* den "Entwicklungsmotor" bilden.

Für mich markiert diese Untersuchung - um im Jargon der Theorie des religiösen Urteils zu verbleiben - den Weg zu einer neuen "Stufe" der Konzeptentwicklung, die den emotionalen Qualitäten von Religiosität den ihnen gebührenden Platz zuspricht. Dazu trägt der "Originalton" der befragten Jugendlichen bei: In der Schilderung ihres religiösen Erlebens bezeugen sie auch dessen *sozialen* Charakter, obwohl dieser in Beiles Beschreibung von Religiosität fehlt, welche ich einleitend zitiert habe. So äußert eine 19 jährige Jugendliche, daß sie sich in zwischenmenschlichen Begegnungen Gott nahe spürt: "Ich denke, wo man es am meisten, am häufigsten erfährt, gerade auch als Jugendlicher, das ist durch Eltern und durch die Freunde auch.

Wenn man nach einer Niederlage oder irgendeinem Tiefpunkt wieder aufge-
richtet wird, daß man sich verlassen kann, von anderen wieder Gutes zu
erfahren."[172] Und eine andere gleichaltrige Befragte bringt zum Ausdruck,
wie wichtig ihr dabei das Zusammenspiel von Innen und Außen ist: "Das ist
das Innere, das das Religiöse ausmacht, und daß wir irgendwo dieses Religiöse auch nach außen tragen. Eben durch Unterstützung anderer, oder daß
man einer Freundin zuhört. Das beinhaltet auf jeden Fall das Religiöse oder
Nächstenliebe oder versuchen, dem anderen solidarisch gegenüberzutreten.
Also auf keinen Fall nach außen treten, daß man jeden Sonntag in die Kirche
geht, sondern daß man etwas für seinen Mitmenschen tut."[173]

Diese Studie möge, so hoffe ich, zu weiterer Forschung anregen, um die
vorliegenden Ergebnisse auf eine möglicherweise noch breitere Basis stellen
zu können. Zudem wünsche ich ihr eine breite Rezeption in psychologischen
Disziplinen, um deren noch immer verbreitete Enthaltsamkeit gegenüber
Religiosität abzubauen, aber auch in der Theologie, um deren Interesse an
der Emotionalität menschlichen Glaubens wachzurufen. Ein Ausbau der
Religionspsychologie und ihrer theologischen Rezeption kann zur Optimierung praktisch-theologischer Forschung und Praxis beitragen. So geben
Stufen religiöser Entwicklung als Rahmen religiösen Lehrens und Lernens
Aufschluß darüber, wie Lernende religiöse Inhalte kognitiv und emotional
aufnehmen und verarbeiten, und Orientierung darüber, wie Lehrende religiöse Argumentationen und religiöses Erleben von Personen unterschiedlichen
Alters verstehen können.

2.2.2. Religiosität und Depressivität

Der schon mehrfach genannte Reinhard Tausch äußerte sich als 70jähriger
Gesprächspsychotherapeut und Psychotherapieforscher wie folgt: "In den
letzten Jahren teilten mir immer häufiger ehemalige Klienten in Briefen mit,
daß sie Halt im Glauben an Gott gefunden hätten und daß ihre seelischen
Schwierigkeiten sich sehr verringert hätten. Ich sagte mir dann, daß ich das
als wissenschaftlicher Psychologe nicht ignorieren darf. Früher war es mir
fast unangenehm, wenn ein Klient in der Therapie von seinem Glauben
sprach; ich habe mich eher hilflos gefühlt. Nach dem Tod meiner Frau habe
ich das Buch 'Sanftes Sterben' fertiggestellt und zusammen mit Diploman-

---

[172] Beile, Religiöse Emotionen und religiöses Urteil, a.a.O., 149.
[173] Beile, Religiöse Emotionen und religiöses Urteil, a.a.O., 132.

den 200 Menschen befragt, die Sterbende begleitet hatten. Sehr viele davon sagten, daß ihnen und dem Sterbenden der religiöse Glaube geholfen hätte. Als Wissenschaftler kann ich solche Aussagen nicht 'verdrängen'. Ich bedaure, daß ich diesen Bereich früher ignorierte und ihm im Gespräch mit Klienten eher ausgewichen bin."[174]

Anknüpfend an diese bemerkenswerten Ausführungen von Reinhard Tausch, möchte ich darauf abheben, daß Menschen, die professionelle Hilfe oder Begleitung durch eine Lebenskrise in Anspruch nehmen, ein Recht darauf haben, auch in ihrem religiösen Selbstverständnis ernst- und angenommen zu werden. Studien zum Zusammenhang von Religiosität und seelischer Gesundheit bzw. psychischen Störungen können Erkenntnisse ans Licht bringen, deren praktischer Nutzen darin liegt, daß sie die von Reinhard Tausch freimütig angesprochene Hilflosigkeit im Umgang mit Fragen der Religiosität reduzieren und durch förderliche Reaktionsweisen ersetzen können. Darum möchte ich im folgenden gern auf den Zusammenhang von Religiosität und seelischer Gesundheit eingehen.

Gordon W. Allport[175] unterscheidet zwei Formen von Religiosität. In ihrer Religiosität *ex*trinsisch orientierte Menschen legen Wert auf Sozialprestige, sie haben ein instrumentelles Verhältnis zu ihrer Religion, sie *gebrauchen* Religion - für ihre persönlichen Zwecke. In ihrer Religiosität *in*trinsisch orientierte Menschen hingegen *leben* ihre Religion aus Überzeugung - um ihrer selbst willen. Allport geht davon aus, daß extrinsische Religiosität in Krisenzeiten keinen Halt zu geben vermag, während intrinsische Religiosität im Sinne einer alle Lebensbereiche zusammenbindenden Überzeugung heilend wirkt, auch präventiv heilend wirkt.

Charles D. Batson und W. Larry Ventis[176] bestätigen die negative Korrelation zwischen psychischer Gesundheit und extrinsischer Orientierung in einer empirischen Untersuchung, ebenso - jedenfalls der Tendenz nach - die positive Korrelation zwischen seelischer Gesundheit und intrinsischer

---

[174] Zitiert nach: Bernhard Grom, Religiosität - von der Psychologie verdrängt? Die deutsche Forschung sollte ihre religionspsychologische Abstinenz überwinden, in: Frankfurter Allgemeine Zeitung Nr. 220 (21.09.1992) 11; s. auch Franz Buggle, Warum gibt es (fast) keine deutsche empirische Religionspsychologie? (Forschungsberichte des Psychologischen Instituts der Albert-Ludwigs-Universität Freiburg i.Br.; Bd. 73), Freiburg i.Br.: Psychologisches Institut der Universität, 1991.

[175] s. Gordon W. Allport, Behavioral Science, Religion, and Mental Health, in: Journal of Religion and Health 2 (1963) 187-197, und ders., Mental Health: a generic attitude, in: Journal of Religion and Health 4 (1964) 7-21.

[176] s. Charles D. Batson & W. Larry Ventis, The Religious Experience. A Social-Psychological Perspective, New York - Oxford: Oxford University Press, 1982.

Orientierung.
Im folgenden soll es nicht um einen allgemeinen Zusammenhang zwischen Religiosität und seelischer Gesundheit gehen, sondern um mögliche Korrelationen zwischen Religiosität und einem stark verbreiteten seelischen Leiden, nämlich der Depression.

Bereits Walter Schulte[177] unterscheidet vier Gruppen depressiver Menschen; die größte Gruppe setze sich aus Menschen zusammen, die auch in einer depressiven Phase religiös indifferent bleibe. In einer zweiten Gruppe führe eine Depression zu einer Auseinandersetzung mit dem Glauben als einem letzten Halt. Für einen dritten Personenkreis seien extreme Schuldgefühle charakteristisch, die die Betroffenen als göttliche Strafe für persönliche Vergehen erleben würden. Bei einer vierten Gruppe schließlich resultiere eine krankheitsbedingte Gefühlserstarrung in einem Erleben von Gottverlassenheit, in einer inneren Erstarrung des Glaubens. Auch Günter Hole[178] weist in einer Studie darauf hin, daß eine depressive Erkrankung weniger religiöse *Inhalte* verändere, sondern vielmehr eine *emotionale* Entleerung des Glaubens bewirke.

Joachim Gneist[179], der eine der wenigen deutschsprachigen Studien zum Thema vorlegte, kommt zu dem Ergebnis, daß depressive Menschen ein stärkeres religiöses Interesse zeigen als seelisch unauffällige kranke Menschen. Gleichzeitig weisen Johnnie L. Gallemore, William P. Wilson und John M. Rhoads[180] darauf hin, daß Patientinnen und Patienten mit einer affektiven Störung - etwa einer Depression - häufiger ein besonderes Bekehrungserlebnis widerfährt als seelisch unauffälligen Personen - ein Zusammenhang, der wohl mit einer gesteigerten emotionalen Ansprechbarkeit affektiv gestörter Patientinnen und Patienten erklärt werden kann.

Während James E. Dittes[181] eine Tendenz sieht, bei der wachsende Religio-

---

[177] s. Walter Schulte, Das Glaubensleben in der melancholischen Phase, in: Der Nervenarzt 25 (1954) 401-407.

[178] s. Günter Hole, Der Glaube bei Depressiven, Stuttgart: Enke, 1977.

[179] s. Joachim Gneist, Religiöse Prägung und religiöses Verhalten der depressiven Primärpersönlichkeit, in: Confinia psychiatrica 12 (1969) 164-184.

[180] s. Johnnie L. Gallemore, William P. Wilson und John M. Rhoads, The Religious Life of Patients with Affective Disorders, in: Diseases of the Nervous System 30 (1969) 483-487.

[181] s. James E. Dittes, Religion, Prejudice, and Personality, in: Merton P. Strommen (Hrsg.), Research on Religious Development. A Comprehensive Handbook, New York: Hawthorn, 1971, 355-390.

sität mit zunehmender Pathologie und Persönlichkeitsstörungen einhergehe, vertritt Helmut Hark[182] die umgekehrte These: Je weniger neurotisch, desto religiöser. Gerade depressive Menschen gehören nach Hark zu den hochneurotischen und zugleich wenig religiösen Menschen. Ein solcher Befund wäre inhaltlich vereinbar mit der genannten emotionalen Entleerung des Glaubens durch die depressive Erkrankung.

Anette Dörr[183] geht dieses Thema - aufgrund der uneinheitlichen Befundlage - erneut an. Sie sucht den Zusammenhang von Religiosität und Depressivität aufzuklären anhand einer anonymen Befragung dreier Personengruppen: einer Gruppe depressiver Patientinnen und Patienten, einer Gruppe von Mitgliedern aus Kirchengemeinden und einer Kontrollgruppe. Der Fragebogen umfaßt

(1) Fragen zur religiösen Orientierung[184], z.B.: "Halten Sie sich für einen religiösen Menschen?" (ja - nein),

(2) Fragen zur religiösen Erfahrung[185], also zum emotionalen Bereich, z.B.: "Der Glaube an Gott hilft mir, in schwierigen Lebenslagen nicht zu verzweifeln." (ja - nein),

(3) Intrinsische und extrinsische Skala[186] (Übersetzung der "Religious Orientation Scale"), z.B.: "Der Glaube ist besonders wichtig für mich, weil er mir Antworten auf viele Fragen nach dem Sinn des Lebens gibt." (Intrinsische Skala; ja - nein) oder "Das Wichtigste an der Kirche ist, daß man dadurch gute Beziehungen knüpfen kann." (Extrinsische Skala; ja - nein),

(4) Fragen zum Gottesbild[187] (Übersetzung des "Loving God Index"), z.B.: "Ich erlebe Gott als liebend - hassend" (sechsstufige Antwortauswahl),

(5) Depressivitätsskala nach Detlev von Zerssen[188], z.B.: "Ich fühle mich

---

[182] s. Helmut Hark, Neurose und Religion. Zur Korrelation zwischen Glaubensleben und seelischem Erleben, in: Archiv für Religionspsychologie 17 (1985) 21-73.

[183] s. Anette Dörr, Religiosität und Depression. Eine empirisch-psychologische Untersuchung, Weinheim: Deutscher Studien-Verlag, 1987.

[184] s. Hark, Neurose und Religion, a.a.O..

[185] s. Ursula Boos-Nünning, Dimensionen der Religiosität. Zur Operationalisierung und Messung religiöser Einstellungen, München: Kaiser, und Mainz: Grünewald, 1972.

[186] s. Gordon W. Allport & J.Michael Ross, Personal Religious Orientation and Prejudice, in: Journal of Personality and Social Psychology 5 (1967) 432-443.

[187] s. Peter L. Benson & Bernard P. Spilka, God-Image as a Function of Self-Esteem and Locus of Control, in: Henry N. Malony (Hrsg.), Current Perspectives in the Psychology of Religion, Grand Rapids: Eerdmans, 1977, 209-224.

[188] s. Detlev von Zerssen, Paranoid-Depressivitätsskala, Depressivitätsskala (PSYCHIS München), Weinheim: Beltz, 1976.

innerlich leer." (vierstufige Antwortauswahl), und

(6) Krankheitsverleugnungsskala nach Detlev von Zerssen[189], z.B.: "Ich war hin und wieder erkältet." (vierstufige Antwortauswahl), zur Überprüfung, ob die Testpersonen die in dieser Skala abgefragten Bagatellbeschwerden zugeben können oder nicht.

Anette Dörr teilt sämtliche Probandinnen und Probanden, also alle befragten Patientinnen und Patienten, Kirchengemeindeglieder und Personen der Kontrollgruppe, nach dem Ausmaß ihrer religiösen Orientierung und ihrer religiösen Erfahrung (mit Hilfe der beiden Fragebögen) in fünf Gruppen ein. Ebenso unterteilt sie alle befragten Personen nach dem Grad ihrer Depressivität (mit Hilfe der Depressivitätsskala). So lassen sich mögliche Zusammenhänge zwischen Religiosität und Depressivität prüfen. In den Subgruppen der (zunehmenden) Religiosität besteht bezüglich der Depressivität ein kurvilinearer Zusammenhang, wie ihn die nachfolgende Abbildung zeigt[190]. Eine konsequente Einstellung im religiösen Bereich geht mit vergleichsweise geringer Depressivität einher. Mittelstark ausgeprägte Religiosität dagegen ist mit einem Höchstmaß an Depressivität verknüpft. Stabilisierend für seelische Gesundheit wirkt offenbar die *Gewißheit* einer Überzeugung, nicht ihr *Inhalt* - denn zu beiden Extremen einer minimal und einer maximal ausgeprägten Religiosität hin nimmt das Maß an Depressivität ab, besonders deutlich aber tatsächlich zu starker Religiosität hin. Ein solches kurvilineares Bild vermag die bisher widersprüchlichen Ergebnisse zu integrieren, insofern der Zusammenhang "je religiöser, desto depressiver" für weniger religiöse Menschen zutrifft (im Sinne des linken Teils der Abbildung), der Zusammenhang "je religiöser, desto gesünder" jedoch für stärker religiöse Menschen (im Sinne des rechten Teils der Abbildung).

---

[189] s. Detlev von Zerssen, Paranoid-Depressivitätsskala, Depressivitätsskala, a.a.O..

[190] Vgl. Phillip Shaver, Michael Lenauer & Susan Sadd, Religiousness, Conversion, and Subjective Well-Being: The "Healthy-Minded" Religion of Modern American Women, in: American Journal of Psychiatry 137 (1980) 1563-1568.

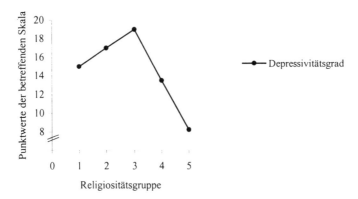

Die Entwicklungsdynamik, die zu dieser Konstellation geführt haben mag, läßt sich möglicherweise wie folgt verstehen. Es wäre denkbar, daß die Gruppe mittlerer Religiosität und höchster Depressivität sich zusammensetzt

(a) aus ursprünglich nicht-religiösen Menschen, die - bedingt durch ihre seelische Erkrankung - einen letzten Halt suchen,

(b) aus ursprünglich stark religiös geprägten Menschen, deren feste Überzeugung durch ihre seelische Erkrankung mancher Erschütterung ausgesetzt wurde, und

(c) aus in ihrer religiösen Haltung unsicheren und daher für eine depressive Erkrankung möglicherweise besonders anfälligen Menschen.

Soziodemographisch finden sich in dieser mittleren Religiositätsgruppe deutlich mehr Frauen als Männer; letztere nehmen meist eindeutigere Positionen ein. Zugleich ergibt sich für diese mittlere Gruppe der höchste Altersmittelwert. Im mittleren religiösen Bereich existieren also - wenn ich beide Befunde zusammennehme - insbesondere ältere Frauen. Für dieses Phänomen mag es vielfältige Gründe geben: Frauen werden ohnehin älter als Männer; vielleicht finden sich in dieser Gruppe viele Witwen, die - nach dem Erwachsenwerden ihrer Kinder und dem Tod des Ehemanns - allein sind, allein auch in einer gesellschaftlichen Position, die ihnen keinen Halt zu geben vermag. Auch die hormonelle Umstellung während der Wechseljahre könnte auf die Bildung dieser mittleren Gruppe ihren Einfluß ausüben. Zur Prüfung solcher Vermutungen bedürfte es freilich aufwendiger Verlaufsstudien.

Die Einbeziehung der Ergebnisse, die sich aus dem Einsatz der Krankheitsverleugnungsskala ergeben, bringt ans Licht, daß bei Probandinnen und Probanden mit vergleichsweise stark ausgeprägter religiöser Orientierung tendenziell auch das Maß an Krankheitsverleugnung wächst - ihre Depressivitätswerte müssen also leicht nach oben korrigiert werden, wie die nachfolgende Abbildung zeigt.

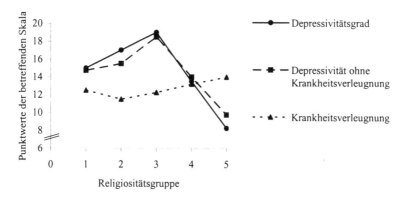

Eine weitere Abbildung schließlich gibt Aufschluß über die Differenzierung der Religiosität in eine intrinsische und eine extrinsische Form. Das Maß an intrinsischer Religiosität steigt kontinuierlich von einer Religiositätsgruppe zur nächsten, während die extrinsische Religiosität in der mittleren Gruppe ihr Maximum erreicht. Starke extrinsische Orientierung geht also mit einem Höchstmaß an Depressivität einher. Extrinsische Religiosität gibt in Krisenzeiten keinen Halt, wohingegen - mit Allport[191] - intrinsische Religiosität für die seelische Gesundheit protektiv wirkt.

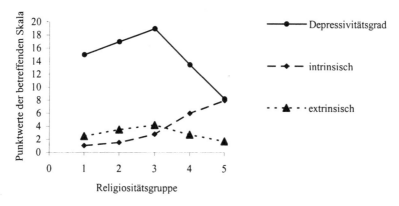

[191] s. Gordon W. Allport, Behavioral Science, Religion, and Mental Health, a.a.O., und ders., Mental Health: a generic attitude, a.a.O..

Für das Gottesbild der untersuchten Personengruppen läßt sich bestätigen, daß zunehmende Depressivität das Gottesbild verdunkelt. Nach Peter L. Benson und Bernard P. Spilka[192] wird das Gottesbild dem menschlichen Selbstbild angepaßt; davon war bereits in der Einführung "Vor den Bildern sterben die Wörter" die Rede. Mit zunehmender Depressivität nimmt das Gottesbild immer strengere und negativere Züge an, um auf diese Weise kognitive Dissonanzen zwischen Gottes- und Selbstbild zu vermeiden. Aber auch umgekehrt könnte das Bild eines strafenden Gottes Gefühle der eigenen Schuldigkeit und damit ein negatives Selbstbild provozieren.

Ich fasse die zentralen Ergebnisse dieser Untersuchung in fünf Punkten zusammen. Es zeigen sich

(1) eine kurvilineare Beziehung zwischen Religiosität und Depressivität,

(2) ein zusätzlicher linearer Trend zu weniger Depressivität bei wachsender religiöser Orientierung, selbst unter Berücksichtigung der bei religiös orientierten Menschen vergleichsweise stark ausgeprägten Krankheitsverleugnung,

(3) eine stark intrinsische Orientierung religiöser Menschen,

(4) eine stark extrinsische Orientierung depressiver Menschen und

(5) ein positiver Zusammenhang zwischen Gottesbild und menschlichem Selbstbild.

Mit dieser Zusammenfassung möchte ich den religionspsychologischen Teil meiner Ausführungen gern beschließen - ohne jedoch diese Thematik ganz zu verlassen. Denn um den Zusammenhang von Depressivität und Religiosität soll es auch im abschließenden dritten Teil gehen, der die Formel "Psychologische Disziplinen in (praktisch-) theologischen Zusammenhängen" ergänzt durch die Frage: ... nach welchen Kriterien?

---

[192] s. Peter L. Benson & Bernard P. Spilka, God-image as a function of self-esteem and locus of control, a.a.O..

3. Ein dritter Schritt: ... nach welchen Kriterien?

Nichts sei für einen Theologen nützlicher, nichts sei notwendiger als das Studium der Psychologie - diese streitbare These aus dem Buchtitel vertrat der Würzburger Moral- und Pastoraltheologe Anton Joseph Roßhirt bereits vor über 200 Jahren[193]. Angesichts des zweiten Schritts, der sich exemplarisch einigen Disziplinen zwischen den Stühlen der einschlägigen Wissenschaftsbereiche widmete, erhebt sich jedoch die Frage, wie ein multidisziplinärer Dialog zwischen Theologie und Psychologie entstehen und gelingen kann - ein multidisziplinärer Dialog, der diesen Namen wirklich verdient. Auf welcher Basis kann er sich tragfähig entwickeln, wenn die einen vom "Geheimnis Mensch" und die anderen von der "Biomaschine Mensch" sprechen (um eine Alternative wiederaufzunehmen, die schon einleitend zur Sprache kam)?

Im dieses Buch abschließenden Teil soll es um die Frage gehen, nach welchen Kriterien wir uns richten können, wenn die Frage ansteht, ob ein bestimmtes psychologisches Konzept theologisch vertretbar ist. Zunächst möchte ich sehr knapp die - indirekt bereits immer wieder gestreiften - Kriterien anführen, die mir im Blick auf solche Entscheidungen hilfreich erscheinen (3.1); danach möchte ich - verschiedene Textstränge zusammenbindend oder dies jedenfalls versuchend - das Thema der Depression erneut aufnehmen unter dem Titel: "Seelsorge bei Seelenfinsternis"[194] (3.2).

3.1. Kriterien der Rezeption psychologischer Konzepte in theologischen Zusammenhängen

Als Kriterien der Rezeption psychologischer Konzepte in theologischen Zusammenhängen möchte ich exemplarisch[195] viererlei vorschlagen:

---

[193] s. Johannes Stelzenberger, Anton Joseph Roßhirt. Eine Studie zur Moraltheologie der Aufklärungszeit, a.a.O., 25.
[194] "Seelsorge bei Seelenfinsternis. Depressive Anfechtung als Provokation diakonischer Mystagogie" ist zugleich der Titel meiner theologischen Dissertation, die unter diesem Namen im Jahr 2002 bei Herder in Freiburg i.Br. erschienen ist.
[195] Darüber hinausgehende Arbeiten finden sich in meiner schon genannten und derzeit in Druck befindlichen Untersuchung "Seelsorge bei Seelenfinsternis".

(1) die *Konvergenz inhaltlicher Optionen* in psychologischen und theologischen Disziplinen, beispielsweise in Konzepten von Psychotherapie
und Seelsorge, wenn etwa Carl R. Rogers selbst in einer bemerkenswerten Äußerung die therapeutische Haltung der Wertschätzung als
Liebe umschreibt, "vorausgesetzt, daß wir das Wort Liebe entsprechend
dem theologischen Begriff Agape verstehen und nicht in seiner roman-
tischen oder besitzergreifenden Bedeutung"[196];

(2) die *anthropologische Vereinbarkeit*[197] von psychologischen und theologischen Ansätzen, wobei nach Karl Rahner "eine theologische Anthropologie sich nicht zusätzlich zur profanen Anthropologie verstehen
darf, sondern als deren innerste Mitte, die zu sich selbst gekommen ist
und in dieser reflexen Bewußtheit dem Menschen nochmals eine eigene
Aufgabe, nämlich die einer expliziten Religion, stellt"[198]; die Menschenbilder beispielsweise, die sich mit den Stichworten "Geheimnis
Mensch" (in der Theologie) und "Biomaschine" (in der Psychologie)
umschreiben lassen, scheinen mir nicht miteinander vereinbar zu sein;

(3) die *erkenntnistheoretische Vereinbarkeit* von psychologischen und
theologischen Ansätzen; dabei hängen erkenntnistheoretische Kriterien
und anthropologische Kriterien eng zusammen, wenn beispielsweise
ein cartesianisches Menschenbild, das Körper und Geist aufspaltet, mit
einer cartesianischen Erkenntnistheorie einhergeht, die das Subjekt und
das Objekt der Erkenntnis voneinander trennt oder jedenfalls zu trennen versucht[199]; so halte ich psychologische Ansätze, die einer cartesianischen Erkenntnistheorie verbunden sind, theologisch kaum für ver-
antwortbar;

---

[196] Carl R. Rogers, Therapeut und Klient. Grundlagen der Gesprächspsychotherapie, Frankfurt am Main: Fischer, 1990, 218.

[197] s. Heinz Brunner, Menschenbilder in Psychologie und Psychotherapie, in: Isidor Baumgartner (Hrsg.), Handbuch der Pastoralpsychologie, Regensburg: Pustet, 1990, 63-85.

[198] Karl Rahner, Die theologische Dimension der Frage nach dem Menschen, in: ders.,
Schriften zur Theologie, Bd. XII, Einsiedeln: Benziger, 1975, 387-406, 402; s. auch Thomas
Philipp, Die theologische Bedeutung der Psychotherapie. Eine systematisch-theologische
Studie auf der Grundlage der Anthropologie Alexander Mitscherlichs (Freiburger theologi-
sche Studien; Bd. 159), Freiburg i.Br. - Basel - Wien: Herder, 1997, insbesondere 179ff, und
- diese Studie zusammenfassend - ders., Die theologische Bedeutung der Psychotherapie, in:
Lebendige Seelsorge 49 (1998) 299-302.

[199] Zu cartesianischer Philosophie in ihren Grundzügen sowie in ihren Folgen für die Psychologie s. Klaus Kießling, Psychotherapie - ein chaotischer Prozeß? Unterwegs zu einer postcartesianischen Psychologie, a.a.O., 24-33.

(4) *empirische Forschung*: Empirische Forschung meine ich in einem weiten Sinne, also nicht im Sinne eines nahezu inhaltsleeren Quantifizierens, das meiner Einschätzung nach zu Recht immer wieder als "Erbsenzählerei" verspottet wird, sondern im Sinne erfahrungsbezogener Forschung, die situationsorientiert ansetzt und eine Optimierung praktischen Handelns anstrebt, letztlich also dem Leben dient. "Erbsenzählerei" wäre der eine Graben, ein Sich-Erhaben-fühlen über die Niederungen empirischen Forschens jedoch der andere Graben - zwischen beiden Gräben könnte sich der theologisch vertretbare und gangbare Weg einer kritischen und selbstkritischen Sichtung und Rezeption empirischer Forschung auftun, ganz abgesehen von empirischer Forschung durch Theologinnen und Theologen selbst. Konkret (und dabei wiederhole ich mich): Zur Gewährleistung des großen Beitrags, den die Kirchen zum psychosozialen Wohlergehen von Hilfesuchenden leisten, bedarf es nachweislich effektiver Methoden und Wege. Pastoral und Diakonie dürfen also in der Rezeption der im Rahmen der empirischen Psychotherapieforschung dargelegten Forschungsergebnisse zugunsten ihrer beraterischen und therapeutischen Praxis sowie in der kritischen Auseinandersetzung mit diesen Resultaten nicht abseits stehen.

Psychologische Disziplinen in (praktisch-) theologischen Zusammenhängen - nach welchen Kriterien? Ich plädiere für inhaltliche, anthropologische, erkenntnistheoretische und empirische Kriterien - anstelle von vorschneller Vereinnahmung und Harmonisierung, aber auch anstelle von vorschneller Zurückweisung.

3.2. Seelsorge bei Seelenfinsternis

"... ich glaubte, Strafe, selbst ewige Strafe, verdient zu haben, und ich wußte sehr genau, für welche Vergehen und Unterlassungen. Der Glaube, in der Hölle zu sein, paßt in den Rahmen der Depression."[200]
"Leben wollte ich nicht, und sterben konnte ich nicht. Ich war ja schon tot. Dies war doch die Hölle."[201]
"Mein Körper verursachte mir die verschiedensten schrecklichen Empfindungen, die sehr schwer zu beschreiben sind. Es war, als stünden meine

---

[200] Piet C. Kuiper, Seelenfinsternis. Die Depression eines Psychiaters, Frankfurt am Main: Fischer, 1995, 148.
[201] Kuiper, Seelenfinsternis, a.a.O., 159.

Knochen in Brand, als gäbe es keine Verbindung zwischen den einzelnen Körperteilen. Arme und Beine schienen aus Plastik. Ich konnte meine Stimme zwar gebrauchen, doch ich hatte das Gefühl, kein Wort sagen zu können."[202]

Der Psychiater Piet C. Kuiper ließ sich dazu ermutigen, seine eigenen heillosen Erfahrungen höllischer Depression im nachhinein in Worte zu fassen, von denen ich nun einleitend einige habe anklingen lassen.

Im abschließenden Teil dieses Buches möchte ich zunächst das Stimmungsbild einer Depression weiter ausmalen und auf dieser Grundlage die folgenden Fragen erörtern:
(1) Wie lassen sich die Möglichkeiten (gesprächs-) psychotherapeutischer Begleitung eines von Depressionen gequälten Menschen skizzieren?
(2) Wie verhalten sich Psychotherapie und Seelsorge zueinander? Anhand dieser Frage suche ich nach theologischen Kriterien, die meiner Einschätzung nach eine Verhältnisbestimmung von Psychotherapie und Seelsorge erlauben.
(3) Welche Bedeutung hat die so gewonnene Verhältnisbestimmung pastoral-praktisch?
(4) Welche Konsequenzen ergeben sich daraus konkret für Seelsorge bei Seelenfinsternis?

3.2.1.   Depression - ein Stimmungsbild

In der Beschreibung Kuipers liegen viele Erfahrungen, die für Menschen ganz typisch sind, die an Depressionen leiden: Da sind Gefühle der Schuld angesichts bestimmter Versäumnisse und Vergehen in der Vergangenheit. Da ist die übermächtige Angst vor der Zukunft, Leben wird aufgeschoben, gelebte und erlebte Zeit[203] klaffen auseinander: "Ich saß in einer Ecke und schaute auf die Uhr, nach einiger Zeit noch einmal. Zweieinhalb Minuten waren vergangen, während es nach meiner Schätzung eine Stunde hätte sein müssen. ... Den Stillstand der Zeit habe ich als eines der quälendsten Sym-

---

[202] Kuiper, Seelenfinsternis, a.a.O., 171.

[203] s. dazu Günter Zurhorst, Wissenschaft und Subjektivität - für eine kritische, phänomenologisch-existentialistische Fundierung der GT, in: Gesellschaft für wissenschaftliche Gesprächspsychotherapie (Hrsg.), Orientierung an der Person, Bd. 2, Köln: GwG, 1988, 182-186, 185f.

ptome meiner Krankheit erfahren."[204] - "Wenn es einen Gott gibt, was kann Er gegen die Zeit, gegen das Schicksal ausrichten? Die Zeit wird mir zu einer erdrückenden Last, und ich will mich davon befreien."[205]

Nicht allein das Zeiterleben, auch das Raumerleben erlangt in einer Depression ein ganz eigenes Gepräge: Leere, Völle, Alpdruck, de-primierende, nieder-drückende Schwere rücken das Telefon, das zum Greifen nahe Wasserglas, die in wenigen Schritten erreichbare Küche in unendliche Ferne.

Da sind auch erschreckende Körperwahrnehmungen: "Wenn der *tragende Leib*, der die Basis unseres Existierens ist, zum *lastenden Leib* wird, zu Last, Druck und Schwere, und wenn wir nicht länger *Leib sind*, sondern allein noch einen *Körper haben*, dann schrumpft damit unsere Welt zu einem lästigen und aufdringlichen Ganzen von Übermaß und Völle zusammen."[206] Diese Selbstwahrnehmung kann letztlich zur völligen Entleibung, zum Suizid führen.-

All dies sind Phänomene, die oft gerade dann zutage treten, wenn die Geschäftigkeit des Alltags zurücktritt, etwa während der Urlaubszeit. Es scheint so, als gönne sich ein deprimierter Mensch seine freie Zeit nicht, als fühle er sich gerade dann am wohlsten, wenn er leiden muß. Vielleicht sind es aber die im Urlaub wegfallende Struktur und die fehlende Betriebsamkeit des Alltags, die dazu führen, daß eine ansonsten verdeckte dunkle Grundstimmung den ganzen leeren Raum einnimmt, bestimmt, verstimmt.

Dabei lassen sich Stimmungen klar abgrenzen gegen Gefühle[207] - auch dieses Thema ist im Gang des Buches nun kein neues mehr. Ein Gefühl richtet sich auf jemanden oder etwas, etwa Freude *über* ein Geschenk, Zuneigung *zu* oder Abneigung *gegen* einen Menschen. Eine Stimmung aber bekundet, wie einem gleichsam im ganzen zumute ist. Auf dem Boden einer Stimmung sind immer nur bestimmte Gefühle möglich, eben von dieser Stimmung gestimmte Gefühle: Wem im ganzen bedrückt zumute ist, der kann sich über nichts so recht freuen. Stimmungen lassen sich also nicht als bloße Begleiterscheinungen menschlicher Wahrnehmung abtun, sondern Stimmungen erschließen menschliches In-der-Welt-sein als Ganzes[208]. Was auch immer

[204] Kuiper, Seelenfinsternis, a.a.O., 168f.

[205] Kuiper, Seelenfinsternis, a.a.O., 157.

[206] Hans Swildens, Prozeßorientierte Gesprächspsychotherapie. Einführung in eine differenzielle Anwendung des klientenzentrierten Ansatzes bei der Behandlung psychischer Erkrankungen, Köln: GwG, 1991, 78.

[207] s. Alice Holzhey-Kunz, Leiden am Dasein. Die Daseinsanalyse und die Aufgabe einer Hermeneutik psychopathologischer Phänomene, Wien: Passagen, 1994, 190ff.

[208] s. Martin Heidegger, Sein und Zeit (1927), 16. Auflage, Tübingen: Niemeyer, 1986, 137.

wir wahrnehmen, nehmen wir in einer bestimmten Stimmung wahr. Eine Wahrnehmung läßt sich nicht "korrigieren", indem wir etwa versuchen, von der jeweiligen Stimmung zu abstrahieren.

Auch Schwermut richtet sich auf kein konkretes Ereignis, ist gleichsam grundlos und unterscheidet sich dadurch von allem begründeten Leid[209], wie der darin erfahrene dänische Theologe und Philosoph Sören Kierkegaard (1813-1855) schreibt: "Es ist etwas Unerklärliches in der Schwermut. Wer Kummer und Sorge hat, weiß, was ihm Kummer und Sorge verursacht. Fragt man den Schwermütigen, was ihn so schwermütig mache, was so schwer auf ihm laste, so wird er antworten: das weiß ich nicht, das kann ich nicht sagen. Das macht den Schwermütigen immer so unendlich schwermütig. Seine Antwort ist übrigens ganz richtig; denn sobald er sich in seiner Schwermut versteht, ist sie gehoben, während der Kummer mit der Erkenntnis seiner Ursache nicht gehoben ist."[210]

Die düstere Weise, Welt zu erschließen, schlägt sich auch in der Wahrnehmung der eigenen Person und der Beziehungen zu anderen Menschen nieder. Schwermut geht mit Selbstabwertung und Selbstzerstörung - bis hin zum Suizid - einher und taucht auch zwischenmenschliche Beziehungen in ein negatives Licht. Umgang mit anderen Menschen ist primär von Sorge und Verantwortlichkeit geprägt, kaum aber von gemeinsamer Freude.

Diese Schwere, diese Last läßt menschliche Aktivität erlahmen, bringt Konzentrationsstörungen oder gar völlige Handlungsunfähigkeit mit sich, führt also zu weiteren Belastungen der Stimmungslage. Diese wiederum steigert die Selbstabwertung bis zum Selbsthaß und ist mit massiven Schuldgefühlen verknüpft - ein Teufelskreis, ein unheilvoller Kreislauf: Erfahrungen der Niedergeschlagenheit, der Erschöpfung, der Nutz-losigkeit, der Sinn-losigkeit, der Hoffnungs-losigkeit, all diese "Losigkeiten" verdichten sich immer mehr. Die Kluft zwischen diesen Erfahrungen und den eigenen Idealbildern wird tiefer und tiefer, denn gerade das Idealbild eines depressiv erkrankten Menschen zeichnet sich durch großen Perfektionismus, hohe Leistungsansprüche und starke Wünsche, ja Sehnsucht nach Respekt und Liebe aus. Auf dem Weg in die Depression finden sich nämlich oft lange Strecken von enttäuschten Bemühungen um Annahme und Liebe durch bedeutsame Bezugspersonen[211], manchmal auch ambivalente Äußerungen der Eltern, die ihr Kind zu guten Leistungen ermuntern und insgeheim doch mit ihm rivalisie-

---

[209] s. Otto F. Bollnow, Existenzphilosophie, 7. Auflage, Stuttgart: Kohlhammer, 1969, 72.

[210] Sören Kierkegaard, Entweder / Oder. Ein Lebensfragment (1843), Zweiter Teil, Jena: Eugen Diederichs, 1913, 159.

[211] s. Gert-Walter Speierer, Einheitliche oder krankheitsspezifische Inkongruenzformen in der klientenzentrierten Gesprächspsychotherapie?, in: GwG-Zeitschrift 23 (1992) 22-26, 25.

ren, etwa so: "Du sollst ganz tüchtig sein, darfst aber nie besser werden als ich."

3.2.2. Psychotherapie bei Depression

Die im Rahmen der Humanistischen Psychologie schon erwähnte gesprächspsychotherapeutische[212] Begleitung basiert auf der auch in anderen[213] Therapieverfahren zentralen Beziehung zwischen einem (depressiv) leidenden Menschen einerseits und einer therapeutischen Begleiterin, einem Begleiter sowie verschiedenen Grundhaltungen andererseits. Dazu gehört erstens die *Wertschätzung*, also der Respekt vor und das Vertrauen in die Möglichkeiten der Klientin, des Klienten, so daß dieser sich mit seinem Selbstkonzept auseinandersetzen und dieses neu strukturieren kann. Mit dieser Haltung kommt ein Therapeut einem depressiv leidenden Menschen sehr entgegen, da dieser oft lange vergeblich um Angenommensein durch ihm wichtige Bezugspersonen gerungen hat. Besondere Herausforderungen erfährt diese Haltung zum einen dadurch, daß ein depressiv kranker Mensch diesen Respekt zwar ersehnt, aber zugleich abwehrt aus dem Gefühl heraus, diese Wertschätzung gar nicht verdient zu haben, und zum anderen dadurch, daß der Therapeut seinen Klienten mit immer neuer Geduld durch die düstere Welt seiner Hoffnungslosigkeit begleiten muß.

Die zweite Grundhaltung ist die *Empathie*[214]: Dieses verstehende Einfühlen meint kein echoartiges Wiederholen von inhaltlichen Äußerungen eines Klienten, sondern eine Bewegung, in der ein Therapeut sich auf das Erleben und dessen Bedeutung für den Klienten einläßt und ihn in seiner Welt zu verstehen sucht. Wirkliches Verstehen kann einen Raum öffnen, in dem sich der leidende Mensch mit seinen quälend schweren Gefühlen und seinen

---

[212] s. Klaus Kießling, Gesprächspsychotherapie, in: Walter Kasper u.a. (Hrsg.), Lexikon für Theologie und Kirche, Bd. 4, 3. Auflage, Freiburg i.Br. - Basel - Rom - Wien: Herder, 1995, 599-600. Eine Einführung in Verhaltenstherapie mit depressiv erkrankten Klientinnen und Klienten bieten Martin Hautzinger & Renate de Jong-Meyer, Depressionen, in: Hans Reinecker (Hrsg.), Lehrbuch der Klinischen Psychologie. Modelle psychischer Störungen, Göttingen: Hogrefe, 1990, 126-165. Erste Hinweise zu psychoanalytischen Konzepten im Umgang mit depressiv leidenden Menschen finden sich in Gerald C. Davison & John M. Neale, Klinische Psychologie. Ein Lehrbuch, 3. Auflage, München - Weinheim: Psychologie-Verlags-Union, 1988, 284.
[213] s. Dieter Tscheulin, Wirkfaktoren psychotherapeutischer Intervention, Göttingen - Toronto - Zürich: Hogrefe, 1992.
[214] s. Klaus Kießling, Empathie, in: Walter Kasper u.a. (Hrsg.), Lexikon für Theologie und Kirche, Bd. 3, 3. Auflage, Freiburg i.Br. - Basel - Rom - Wien: Herder, 1995, 629-630.

selbstzerstörerischen Gedankenketten[215] konstruktiv auseinandersetzen kann. So kann echtes Verstehen verändernde und heilende Kräfte freisetzen. Ich erinnere an Kierkegaard, wie er von einem Schwermütigen schreibt: "... sobald er sich in seiner Schwermut *versteht*, ist sie gehoben"[216]. Echtes Verstehen meint ein Sich-einlassen auf die Welt meines Gegenübers, ohne daß ich mich darin verliere, sondern indem ich mir selbst treu bleibe. Damit umschreibe ich als dritte Grundhaltung die *Echtheit*, also die Transparenz des Therapeuten in seinen Gefühlsäußerungen, sofern sie ihm für die Beziehung zu seinem Klienten bedeutsam erscheinen, und der Verzicht auf eine professionelle Fassade. Zur besonderen Herausforderung wird diese Haltung, wenn ein depressiv kranker Mensch seine Aggressionen nicht allein gegen sich selbst richtet und sich selbst abwertet, sondern diese bisher abgewehrte Wut gegen den Therapeuten richtet, etwa in Form von Vorwürfen, er kümmere sich nicht genügend um ihn. Ein echtes Verstehen braucht solche "Angriffe" nicht barsch zurückzuweisen, sondern kann den Raum für die Erfahrung öffnen, daß Aggressionen nicht nieder-gedrückt, de-primiert werden müssen und der Klient sich mit seiner Wut auseinandersetzen und vielleicht sogar versöhnen kann[217].

Ein Klient, der durch aktives Zuhören und interessierte Rückfragen des Therapeuten behutsam, aber unablässig mit sich selbst konfrontiert wird, kann Mut fassen, sich in seiner Welt wie ein Forscher in (noch) unbekannten Gegenden zu bewegen und aus dem ihm entgegengebrachten Vertrauen heraus (neu) an die ihm gegebenen Möglichkeiten zu glauben. So kann es gelingen, daß sich perfektionistische Ansprüche an die eigene Person durch die Erfahrung von Zuwendung und echtem Verstehen relativieren lassen. Die Selbstwertschätzung kann wieder wachsen, eigene Fähigkeiten können wieder in den Blick kommen. Das überhöhte Idealbild und das negative Selbstbild nähern sich einander an, so daß der dazwischen klaffende Spalt überbrückt werden kann.

---

[215] s. dazu insbesondere Aaron T. Beck, A. John Rush, Brian F. Shaw & Gary Emery, Kognitive Therapie der Depression, 2. Auflage, München - Weinheim: Psychologie-Verlags-Union, 1986, 41ff, und Martin Hautzinger, Wolfgang Stark & Renate Treiber, Kognitive Verhaltenstherapie bei Depressionen. Behandlungsanleitungen und Materialien, München - Weinheim: Psychologie-Verlags-Union, 1989, 85ff.

[216] Kierkegaard, Entweder / Oder, a.a.O., 159 (Hervorhebung von mir).

[217] s. Jobst Finke, Empathie und Interaktion. Methodik und Praxis der Gesprächspsychotherapie, Stuttgart: Thieme, 1994, 125-127.

3.2.3. Psychotherapie und / oder Seelsorge? - Der radikale Ansatz Karl Rahners ...

Wie lassen sich Psychotherapie und Seelsorge zuordnen, wie gegeneinander abgrenzen? Zielt Psychotherapie auf Heilung der psychischen Verfassung eines Menschen ab, während Seelsorge für das Heil der Seele, für das Seelenheil sorgt? Sind die einen für die Heilung, die anderen für das Heil zuständig? Oder verschiebt sich damit die Frage nach dem Verhältnis von Psychotherapie und Seelsorge nur dahingehend, daß nun zu erörtern wäre, wie sich Heil und Heilung zueinander, miteinander, gegeneinander verhalten? Die exegetisch[218] nachgewiesene Zusammengehörigkeit von Heil und Heilung erlaubt es uns nicht, die Zuständigkeiten zwischen Kirche und übriger Gesellschaft aufzuteilen. Dieser Umstand schlägt sich auch in den Dokumenten des Zweiten Vatikanischen Konzils nieder. Wie schon erwähnt, bringt es in seiner Pastoralkonstitution "Gaudium et Spes" unmißverständlich zum Ausdruck, daß in der Seelsorge theologische Prinzipien, aber auch "Ergebnisse der profanen Wissenschaften, vor allem der Psychologie und der Soziologie, wirklich beachtet und angewendet werden"[219] sollen. In welcher Beziehung finden Seelsorge und Psychotherapie zueinander?

Die heftig diskutierte Frage nach einem möglichen Mehr-Wert der Seelsorge empfinde ich als Irreführung. Mehr-Wert der Seelsorge wertet Psychotherapie ab, und vor allem: Wenn Mehr-Wert der Seelsorge bedeutet, daß Seelsorge alles vollbringen muß, was Psychotherapie vermag, und darüber hinaus noch mehr, dann überfordert dies Seelsorgerinnen und Seelsorger. Mehr-Wert klingt in meinen Ohren so, als käme zu profanen Erfordernissen *additiv* noch etwas hinzu. Karl Rahner hat sich der theologischen Dimension der Frage nach dem Menschen gewidmet und in diesem Zusammenhang das Verhältnis von profaner Anthropologie und theologischer Anthropologie erörtert. Er kommt, wie bereits angedeutet, zu dem Schluß, "daß eine theologische Anthropologie sich nicht zusätzlich zur profanen Anthropologie verstehen darf, sondern als deren innerste Mitte, die zu sich selbst gekommen ist und in dieser reflexen Bewußtheit dem Menschen nochmals eine

---

[218] s. dazu Wolfgang Schrage, Heil und Heilung im Neuen Testament, in: Gerhard K. Schäfer & Theodor Strohm (Hrsg.), Diakonie - biblische Grundlagen und Orientierungen. Ein Arbeitsbuch zur theologischen Verständigung über den diakonischen Auftrag (Veröffentlichungen des Diakoniewissenschaftlichen Instituts an der Universität Heidelberg; Bd. 2), 2. Auflage, Heidelberg: Heidelberger Verlags-Anstalt, 1994, 327-344.
[219] Gaudium et Spes 62, in: Karl Rahner & Herbert Vorgrimler, Kleines Konzilskompendium, 18. Auflage, Freiburg i.Br.: Herder, 1985, 515.

eigene Aufgabe, nämlich die einer expliziten Religion, stellt"[220]. Das hier Gesuchte ist gerade kein additiver Mehr-Wert, "ist nicht eine Wirklichkeit *neben den* menschlichen Wirklichkeiten, mit denen sich die profanen Humanwissenschaften beschäftigen, sondern deren Radikalität selbst"[221]. Und weiter Rahner: "Könnten wir ... Sätze einer theologischen Anthropologie im einzelnen genauer in ihrem Sinn analysieren, würde sich zeigen, daß sie wirklich nur die Radikalisierung profaner anthropologischer Aussagen sind. Und das gleiche wäre natürlich auch in umgekehrter Richtung möglich: Die scheinbar bloß profanen anthropologischen Aussagen erweisen sich als insgeheim theologische Sätze, wenn sie nur in der in ihnen angelegten Radikalität ernstgenommen werden."[222]

Dies gilt, so denke ich, etwa auch für das Erleben von Piet C. Kuiper. Darum möchte ich ihn nochmals selbst zu Wort kommen lassen: "Der tiefste Abgrund, in den ich stürze, ist der Gedanke, daß selbst Gott mir nicht helfen kann, denn Er kann nichts ungeschehen machen, und die Himmelskörper, die von der Zeit bewegt werden, sind ihm weit überlegen."[223]

3.2.4.   ... in seiner pastoral-praktischen Bedeutung

Da ich diesen Ansatz für fruchtbar halte - gerade in den hier zur Diskussion stehenden Zusammenhängen -, lade ich im folgenden dazu ein, profane therapeutische Grundhaltungen - Wertschätzung, Empathie und Echtheit - theologisch zu radikalisieren.

Zur Wertschätzung: Für den Begründer der Gesprächspsychotherapie, Carl R. Rogers, bedeutet diese Haltung, "daß er sich um seinen Klienten auf eine nicht besitzergreifende Weise sorgt, also um einen Menschen voller Möglichkeiten"[224], und er umschreibt Wertschätzung, wie erwähnt, als "eine Art Liebe zu dem Klienten, so wie er ist".[225] Dank dieser Ausführungen von Rogers läßt sich die *Liebe* als theologische Radikalisierung der Wertschätzung ausmachen, die Liebe, die Gott selbst ist und schenkt, ebenso wie die

---

[220] Rahner, Die theologische Dimension der Frage nach dem Menschen, a.a.O., 402.

[221] Rahner, Die theologische Dimension der Frage nach dem Menschen, a.a.O., 395.

[222] Rahner, Die theologische Dimension der Frage nach dem Menschen, a.a.O., 399.

[223] Kuiper, Seelenfinsternis, a.a.O., 158.

[224] Carl R. Rogers, Therapeut und Klient. Grundlagen der Gesprächspsychotherapie, Frankfurt am Main: Fischer, 1990, 218.

[225] Rogers, Therapeut und Klient, a.a.O., 218.

Liebe der damit Beschenkten untereinander. Rogers spricht vom Klienten als einem Menschen voller Möglichkeiten, er glaubt an die Ressourcen und Begabungen, die diesem Menschen innewohnen, auch wenn sie vielleicht verschüttet sind, er glaubt an diesen Menschen mit seinen ungeahnten Möglichkeiten, ganz abgesehen von den Möglichkeiten Gottes mit diesem Menschen. Die theologische Qualität des Glaubens zeigt sich konkret auch im *Glauben* an einen leidenden und suchenden Menschen. An wen ich glaube und wem ich vertraue, auf den wage ich zu hoffen, auf den setze ich meine *Hoffnung*. Glauben, Lieben und Hoffen sind theologische Radikalisierungen der Wertschätzung, sind deren Wurzel (radix) und verwurzeln diese Haltung theologisch.

Zur Empathie, dem griechischen Begriff für Mitleiden und Mitfühlen: Einfühlendes Verstehen ist eine auf der Grundlage eines Beziehungsangebotes mögliche Bewegung, in der ein Therapeut sich auf das Erleben und dessen Bedeutung für den Klienten einläßt, ihn in seiner Welt zu verstehen sucht und dennoch sich selbst treu bleibt. Strukturanalog zur psychologischen Empathie vollzieht sich die inkarnatorische und erlösende Bewegung Gottes, der ganz Mensch wird und als solcher doch wahrhaft Gott bleibt. Eine gute Umschreibung für Empathie als pastorale Fähigkeit, sich mit Maß einzufühlen, bietet die *Metriopathie* (Hebr 5, 2). Parallel zur griechischen Empathie findet sich bei Gregor dem Großen die lateinische *compassio*.[226]
Empathie in Seelsorge und Diakonie meint ein *Mitgehen in Nähe und Treue*, in räumlicher Nähe und Treue durch die Zeit, meint ein "Ich bin der 'Ich-bin-da'" (Ex 3, 14) im Sinne von "Ich bin dir nahe und treu"[227].
Eine im Sinne Rahners mystagogische Pastoral will den Menschen vor das Geheimnis seiner Geschichte mit Gott führen und einen Prozeß des Heilwerdens in Gang setzen; Mystagogie meint eine Pastoral, die "ansatzhaft realisiert, wovon sie inhaltlich spricht. Der Mystagoge 'erzählt' gerade dadurch am überzeugendsten vom unbeirrbaren Hinzukommen und Mitgehen Gottes, indem er selbst treu und unbeirrbar mit den Krisen des anderen mitgeht"[228].

---

[226] s. dazu Heinrich Pompey, Theologisch-psychologische Grundbedingungen der seelsorglichen Beratung, in: Eckhard Lade (Hrsg.), Christliches ABC heute und morgen. Handbuch für Lebensfragen und Kirchliche Erwachsenenbildung, Bad Homburg: DIE Verlag H. Schäfer, 1986, 179-209, 180.
[227] vgl. das Arbeitspapier, welches abgedruckt ist in Heinrich Pompey, Caritatives Engagement - Lernort des Glaubens und der Gemeinschaft (Studien zur Theologie und Praxis der Caritas und Sozialen Pastoral; Bd. 1), Würzburg: Echter, 1994, 98.
[228] Baumgartner, Pastoralpsychologie, a.a.O., 247.

Empathie trägt zur Menschwerdung derer bei, die einander im Geist Jesu Christi begegnen und sich so lebendigen Beziehungen zu sich selbst, zu ihren Mitmenschen, zur Schöpfung und zu Gott öffnen können.

Zu Echtheit und Transparenz: Echtheit meint *Wahrhaftigkeit* in der Beziehung zu mir selbst und zu meinem Gegenüber; sie bewährt sich nur, wenn sie sich zeigt, offenbart. Letztlich findet Echtheit ihre theologische Verwurzelung in der Selbstmitteilung Gottes in Jesus Christus, in seiner *Wahr-gabe* als Mensch.

Ich fasse zusammen: Ihre theologische Radikalisierung findet Wertschätzung als Glauben an und Hoffen auf die Möglichkeiten des Gegenübers in der Liebe Gottes zum Menschen, Empathie als Mitgehen in Nähe und Treue im Geschehen von Menschwerdung und Erlösung, Echtheit als Wahrhaftigkeit zum Gegenüber letztlich in der Wahr-gabe und Selbstmitteilung Gottes in Jesus Christus.

Therapeutische Grundhaltungen lassen sich theologisch verwurzeln; zur humanistisch-psychologischen Bewegung möchte ich jedoch - mit Blick auf das anthropologische Kriterium eines psychologisch-theologischen Dialogs - kritisch anmerken, daß aufgrund ihres stark optimistischen Menschenbildes mitunter Tendenzen auftauchen, die radikale Schuldverstrickung und Schuldbedrohtheit des Menschen zu unterschätzen[229].

Das seelsorgliche Gespräch seinerseits eröffnet die Chance, daß "die ganz konkrete Anfrage nach dem Gelingen des Lebens mit der heilsgeschichtlichen Antwort Gottes, die er in Jesus Christus gegeben hat, in einen geistlichen Sinnbezug gebracht"[230] wird. "Durch das seelsorgerliche Gespräch als einem im größtmöglichen Sinn-Horizont, d.h. in der Kraft des Heiligen Geistes, stattfindenden Deutegeschehen auf die je größere menschliche Freiheit hin kann somit umfassendes Heil erfahren werden, weil und indem situative, geschichtlich-konkrete Befreiung ermöglicht wird."[231]

---

[229] s. Klaus Kießling, Humanistische Psychologie, in: Walter Kasper u.a. (Hrsg.), Lexikon für Theologie und Kirche, Bd. 5, 3. Auflage, Freiburg i.Br. - Basel - Rom - Wien: Herder, 1996, 327-328.

[230] Hubert Windisch, Sprechen heißt lieben: eine praktisch-theologische Theorie des seelsorglichen Gesprächs (Studien zur Theologie und Praxis der Seelsorge; Bd. 1), Würzburg: Echter, 1989, 35.

[231] Windisch, Sprechen heißt lieben, a.a.O., 36.

3.2.5. Seelsorge bei Seelenfinsternis

Nochmals soll Piet C. Kuiper zu Wort kommen: "Wenn man depressiv ... ist, bedeutet es dann etwas, wie andere einem begegnen? Mir alles. Jede Kränkung führte zu einem Anfall von Panik. Freundlichkeit beruhigte mich wenigstens ein wenig, wenn auch nur für kurze Zeit."[232]

In diesem letzten Teil möchte ich gern ausführen, was die durch eine theologische Radikalisierung gewonnenen Haltungen für eine Seelsorge bei Seelenfinsternis konkret bedeuten können.

Ein seelsorgliches Gespräch ist eine Begegnung in *Liebe*, schenkt also eine gerade von depressiv Kranken oft entbehrte und lang ersehnte Zuwendung. Auf nonverbale Weise drückt diese Zuwendung einen Zuspruch von Würde, von Menschenwürde aus, läßt den deprimierten Menschen seine Gottebenbildlichkeit, sein Lebensrecht spüren, sein Recht, da sein zu dürfen. Mit der Gottebenbildlichkeit kommt implizit der erste Schöpfungsbericht zum Tragen, während ein von Depressionen gequälter Mensch ansonsten nur Schuldgefühle, Schuld und Sünde sieht und erlebt, wie sie der zweite Schöpfungsbericht einführt. Dabei geht es darum, diese Dimensionen in die seelsorgliche Beziehung implizit und vorsichtig einfließen zu lassen, ohne sie in die von mir gebrauchten Worte zu fassen. Denn zu viele Worte können einen von Schuldgefühlen gequälten Menschen überfluten, ohne bei ihm anzukommen, sie erwecken den Eindruck, diese Gefühle sollten ihm ausgeredet werden. Die Beziehung hat Vorrang vor inhaltlichen Fragen, in der Sprache theologischer Überlieferung: fides qua creditur hat Vorrang vor fides quae creditur.

Gerade in schweren Zeiten sind kurze stützende Kontakte wertvoller als lange Gespräche. Zentral ist dabei das Angebot von Struktur und Sicherheit, wobei der Seelsorge ihr Reichtum an Symbolen und Ritualen zu Hilfe kommen kann.

Seelsorge bei Seelenfinsternis kann zur Überforderung werden; wichtig ist auch in dieser Situation, diesen von Beziehungsarmut und Enttäuschungen belasteten Menschen nicht erneut zurückzuweisen, sondern mit ihm eine Brücke zu einer Beratungsstelle, zu Caritas oder Diakonie zu schlagen, gegebenenfalls den Hausarzt oder die Hausärztin um Vermittlung und um Klärung zu bitten, ob die Einnahme von Pharmaka indiziert ist und ob Suizidgefahr besteht.

---

[232] Kuiper, Seelenfinsternis, a.a.O., 152.

Viele in Psychotherapie und Seelsorge tätige Menschen befürchten, durch ihre Begleitung einen depressiv leidenden Menschen noch tiefer in seine Depressivität hineinzustoßen. Darum neigen sie nachvollziehbarerweise dazu, an seinen Willen zu appellieren, diesem Menschen den unbegründeten Charakter seiner Hoffnungslosigkeit nachzuweisen oder ihm seine Stimmung und seine düstere Wahrnehmung auszureden. Dies erlebt ein deprimierter Mensch aber als Bagatellisierung seiner schweren Not und als Nicht-ernst-nehmen: "Dieser Eindruck des Patienten dürfte häufig auch gar nicht so unrichtig sein. Denn es sind nicht selten die inneren Ängste und die dadurch bedingten Widerstände des Therapeuten selbst, die ihn zu einem solchen Verhalten veranlassen. Der Therapeut hat seinerseits möglicherweise eine untergründige Angst, in den Sog der depressiven Welt des Patienten hineingezogen zu werden, und kommt dann in die Gefahr, diese Ängste vor einer Gefühlsansteckung durch ein aufmunterndes Schulterklopfen abzuwehren."[233]

So unrealistisch uns die Wahrnehmungen eines schwermütigen Menschen vorkommen, so wenig hilfreich ist ein Dagegen-Anreden. In diesem Zusammenhang möchte ich gern auf eine Untersuchung zur Wahrnehmungsfähigkeit depressiv kranker Menschen aufmerksam machen. Charles S. Carver und Michael F. Scheier[234] berichten davon. Sie gehen folgenden Fragen nach: Wie nehmen depressiv kranke Menschen ihre eigene soziale Kompetenz wahr, und wie nehmen nicht-depressive Menschen ihre eigene soziale Kompetenz wahr? Diese Menschen wurden darüber hinaus von Dritten beobachtet, wie sie sich in bestimmten sozialen Situationen verhalten. Wie schätzen diese außenstehenden Personen die soziale Kompetenz depressiv kranker und nicht-depressiver Menschen ein?- Erwartungsgemäß zeigte sich ein deutlicher Unterschied: Depressiv kranke Menschen schätzen ihre eigenen sozialen Fähigkeiten schlechter ein, als dies nicht-depressive Menschen hinsichtlich ihrer eigenen Fähigkeiten tun. Die Untersuchung erbrachte aber auch eine Überraschung: Die Selbsteinschätzung depressiv Kranker stimmt ganz gut mit der Fremdeinschätzung durch Dritte ein, während Nicht-Depressive ihre sozialen Fähigkeiten deutlich besser einstufen, als dies die Außenbeobachter tun. Vor diesem Hintergrund erscheint es weniger angemessen, von Wahrnehmungsverzerrungen bei depressiv verstimmten Menschen zu sprechen, sondern eher angebracht, von Illusionen der nicht-

---

[233] Finke, Empathie und Interaktion, a.a.O., 122.
[234] s. Charles S. Carver & Michael F. Scheier, Perspectives on Personality, Boston: Allyn and Bacon, 1988, 355.

depressiven Personen auszugehen, die sich besser einschätzen, als dies Außenstehende tun!

Zur Dimension des *Glaubens* im Seelsorgegespräch mit depressiven Menschen: Zu unterscheiden sind - wie bereits angedeutet - fides qua creditur und fides quae creditur, mit anderen Worten ein Du- und ein Daß-Glaube, d.h. ein Du-Glaube, der Raum und Beziehung schafft und in dem der Daß-Glaube gründet, und ein Daß-Glaube, der den Du-Glauben inhaltlich artikuliert[235]. In diesem Zusammenhang erinnere ich an Watzlawicks Unterscheidung von Beziehungs- und Inhaltsebenen der Kommunikation.
In der Beziehung zu einem depressiv leidenden Menschen spielt der Du-Glaube eine hervorragende Rolle ("Einer glaubt an mich."). "Der Glaube" kann im Seelsorgegespräch nur als persönlicher Glaube des Seelsorgers verkündet werden, authentisch und in der Ich-Form, als Antwort auf eine Mitteilung des Gegenübers, also personbezogen, nicht monologisch und belehrend. Symbolische Handlungen auf der Beziehungsebene bieten eher einen Zugang zur dunklen Welt eines Gegenübers als viele Worte. Versuche, mit Gegenargumenten gegen depressive Denkstrukturen vorzugehen, gehen am Erleben eines leidenden Menschen vorbei. Erst in einer späteren Phase der Begleitung kann eine Diskussion von Glaubensinhalten bedeutsam werden: Schuldgefühle legen oft das Thema Schuld und Sünde nahe[236].

Seelsorge bei Seelenfinsternis - dabei stellt sich nicht nur die Frage nach dem Heilwerden aus Glauben, sondern auch die Frage, ob religiöse Orientierung - etwa dunkle und bedrohliche Gottesbilder - kränkend, deprimierend wirken kann. Bei der Untersuchung der Frage nach dem *Zusammenhang von*

---

[235] s. Max Seckler & Christoph Berchtold, Glaube, in: Peter Eicher (Hrsg.), Neues Handbuch theologischer Grundbegriffe, Bd. 2, München: Kösel, 1984, 91-109, 104.

[236] Als Hilfe führe ich zwei Bibeltexte zur Entlastung an, zunächst eine Passage aus Joh 9, 1-12 zur Heilung eines von Geburt an blinden Mannes: "Da fragten ihn seine Jünger: Rabbi, wer hat gesündigt? Er selbst? Oder haben seine Eltern gesündigt, so daß er blind geboren wurde? Jesus antwortete: weder er noch seine Eltern haben gesündigt, sondern das Wirken Gottes soll an ihm offenbar werden." (Joh 9, 2f) - Ein anderer Text: Jesus fragt in Lk 13, 1-9 die Leute um ihn, ob sie denn meinten, daß nur diejenigen Galiläer, die Pilatus umbringen ließ, Sünder waren, alle anderen Galiläer aber nicht, oder ob sie meinten, daß nur jene achtzehn Menschen, die beim Einsturz des Turms von Schiloach erschlagen wurden, Schuld auf sich geladen haben, alle anderen Einwohner von Jerusalem aber nicht. Er verneint diese Frage vehement und ruft die Umstehenden zur Umkehr auf. Es geht also primär um Umkehr und nicht darum, Leidenden generell eine persönliche Schuld an ihrer jeweiligen Lage zuzusprechen, so sehr dies bei einer konkreten Person doch zutreffen mag.

Religiosität und Depressivität[237] zeigte sich, daß intrinsische religiöse Orientierung der psychischen Gesundheit förderlich sein, depressive Verstimmungen in Grenzen halten und Angelpunkt der Seelsorge sein kann. Extrinsische religiöse Orientierung dagegen beeinträchtigt psychisches Wohlbefinden eher. So sehr ich davon überzeugt bin, daß unser Glauben heilend wirken kann, so sehr möchte ich doch vor vorschnellen Schuldzuweisungen warnen, etwa in dem Sinne, daß nicht depressiv wird, wer wirklich glaubt! Ich selbst kenne Menschen, deren religiöse Verankerung für sie wirklich existenziell bedeutsam ist und die dennoch gefährliche seelische Abstürze durchleiden müssen.

Zum *Hoffen*: Depression zeichnet sich gerade dadurch aus, daß jeder Hoffnungsschimmer, jeder kleine Strohhalm unendlich fern erscheint. So geht es in der Seelsorge oft um Hoffen in Stellvertretung. Ich denke an die Redewendung "Hoffnung läßt leben". Stellvertretende Hoffnung kann zum Leben helfen. Wichtig ist, jedes Fünkchen Hoffnung vorsichtig brennend zu halten!

Soviel zum Lieben, Glauben und Hoffen, also zu den Radikalisierungen der Wertschätzung.

Radikalisierte Empathie, inkarnierte Empathie meint ein *Mithinabsteigen zur Hölle*. Wie wir im Apostolischen Glaubensbekenntnis von Jesus Christus sprechen, er sei "hinabgestiegen in das Reich des Todes", steigen wir in der Seelsorge mit hinab in eine emotionale Finsternis, geben Raum für Wut und Zorn, für Schuldgefühle und Enttäuschung, geben Zeit, daß ein leidender Mensch seine Wut aussprechen und hinaussprechen kann, daß statt Depression Expression stattfinden kann, letztlich ein österliches Wiederauferstehen zu neuen Lebensmöglichkeiten, wie es im Credo heißt: "am dritten Tage auferstanden von den Toten". Heilung in dieser Situation verstehe ich als antizipiertes Heil, als Reflex und Vorzeichen endgültigen Heils.

Wie gestaltet sich in der Begegnung mit einem depressiv leidenden Menschen ein *Mitgehen in Nähe und Treue*?
Heil und Heilung sind nicht herstellbar. Seelsorge kann aber den Mut entwickeln, auf eine Spiritualität der Gnade zu setzen und diese einer deprimierenden Leistungsgesellschaft entgegenzusetzen. Mitgehen meint primär Raumschaffen für die Erfahrung von Heilsamem. Mitgehen meint keine Rat-

---

[237] s. Anette Dörr, Religiosität und Depression. Eine empirisch-psychologische Untersuchung, Weinheim: Deutscher Studien-Verlag, 1987.

144

Schläge, denn Schläge helfen nicht aus der Verzweiflung.

Mitgehen schließt Angehörigenarbeit ein: So kann es wichtig sein zu betonen, daß ein deprimierter Mensch wirklich krank und nicht etwa faul ist. Seelsorgliches Mitgehen kommt einmal zum Ende. Im Hintergrund einer Depression steht oft ein nicht verschmerzter früherer Abschied oder eine frühere Abweisung; darum ist es im Falle einer längeren seelsorglichen Begleitung von depressiv kranken Menschen besonders wichtig, deren Abschluß gut vorzubereiten.

Schließlich noch zur Echtheit, zum *Sich-selbst-treu-bleiben*: Damit ich mir selbst treu bleiben kann, ist es wichtig, nicht *mehr* zu versprechen, als ich vor mir selbst vertreten kann, und selbst Klarheit darüber zu gewinnen, wo meine eigenen Grenzen und Verletzungen liegen, damit ich nicht in Abhängigkeiten gerate und bei meinem Gegenüber eine neue Enttäuschung provoziere. Supervision ist mir selbst dabei sehr hilfreich.

Aus eigener Erfahrung weiß ich, wie schwer es auch für mich - als nur mittelbar betroffenem Psychotherapeut oder als diakonisch tätigem Seelsorger - sein kann, mit meinem Gegenüber in seine von Depression durchstimmte Leidenssituation hinabzusteigen, sein Erleben von tiefer Abgründigkeit und Schmerz zu begleiten und dabei weiterhin an ihn und seine Möglichkeiten zu glauben, darauf zu vertrauen, daß eine Wandlung geschehen kann. Um so schöner finde ich es dann, wenn ich in der Begleitung *erfahren* kann, daß Wandlung spürbar geschieht.

Die Forderung Ulrich Eibachs[238] dagegen, daß eine Verheißung Gottes möglicherweise gegen die Erfahrung geglaubt werden müsse, kann - wie ich denke - zu einer Überforderung werden - für beide Seiten -: als bloße Aussage unseres Glaubens kollidiert eine Verheißung mit dem Erleben leidender Menschen, denn die darin zugesagte Wirklichkeit ist ihnen zunächst überhaupt nicht erfahrbar. Nicht durch die verbale Heilszusage allein geschieht Heilsames, sondern auf dem diakonischen Weg von miteinander Leidenden: gemeinsam gehen sie der Spannung von eschatologischer Heilszusage und heute erfahrenem Leid nach. Denn die Chance seelsorglicher Begleitung könnte doch gerade darin liegen, daß die uns verheißene Zukunft - dank gelebter Liebe, Empathie und Echtheit - anfanghaft *erfahrbar* wird.

---

[238] s. Ulrich Eibach, Der leidende Mensch vor Gott, Neukirchen-Vluyn: Neukirchener, 1991, 37, und Klaus Kießling, Rezension zu Ulrich Eibach, Der leidende Mensch vor Gott, in: Journal of Empirical Theology 6 (1993) 97-98.

Nochmals soll Karl Rahner zur Sprache kommen, und zwar mit seinem berühmten Wort: "... der Fromme von morgen wird ein 'Mystiker' sein", das mir gerade im Blick auf mystagogische und erfahrungsbezogene Pastoral wichtig erscheint: "... der Fromme von morgen wird ein 'Mystiker' sein, einer, der etwas 'erfahren' hat, oder er wird nicht mehr sein, weil die Frömmigkeit von morgen nicht mehr durch die ... selbstverständliche öffentliche Überzeugung und religiöse Sitte aller mitgetragen wird, die bisher übliche religiöse Erziehung also nur noch eine sehr sekundäre Dressur für das religiöse Institutionelle sein kann."[239]

Das letzte Wort - auch das letzte Wort in diesem Buch - soll Piet C. Kuiper, soll seine Erfahrung haben: "Die einzigen Worte, die ich herausbringen konnte, waren: 'Gott, Gott, o Gott.' Nur ein verzweifelter Seufzer, oder doch, weil du weißt, denkst, glaubst, daß es Einen gibt, den du um Hilfe bitten kannst, auch wenn du dich in der Hölle wähnst?"[240]

---

[239] Karl Rahner, Frömmigkeit früher und heute, in: ders., Schriften zur Theologie, Bd. VII, Einsiedeln: Benziger, 1966, 11-31, 22f.
[240] Kuiper, Seelenfinsternis, a.a.O., 172.

Literaturverzeichnis

➢ Adam, Ingrid & Schmidt, Eva Renate, Gemeindeberatung, Gelnhausen - Berlin: Burckhardthaus, 1977.

➢ Adorno, Theodor W., Zum Verhältnis von Soziologie und Psychologie (1955), in: ders., Soziologische Schriften, Bd. 1 (Gesammelte Schriften; Bd. 8), Frankfurt am Main: Suhrkamp, 1979, 42-85.

➢ Adorno, Theodor W., Postscriptum (1966), in: ders., Soziologische Schriften, Bd. 1 (Gesammelte Schriften; Bd. 8), Frankfurt am Main: Suhrkamp, 1979, 86-92.

➢ Allport, Gordon W., Behavioral Science, Religion, and Mental Health, in: Journal of Religion and Health 2 (1963) 187-197.

➢ Allport, Gordon W., Mental Health: a generic attitude, in: Journal of Religion and Health 4 (1964) 7-21.

➢ Allport, Gordon W. & Ross, J. Michael, Personal Religious Orientation and Prejudice, in: Journal of Personality and Social Psychology 5 (1967) 432-443.

➢ Andriessen, Herman C.I. & Miethner, Reinhard, Praxis der Supervision, 3. Auflage, Heidelberg: Asanger, 1993.

➢ Arnold, Wilhelm, Eysenck, Hans J. & Meili, Richard (Hrsg.), Lexikon der Psychologie, 3 Bände, 2. Auflage, Freiburg i.Br. - Basel - Wien: Herder, 1987.

➢ Atteslander, Peter, Methoden der empirischen Sozialforschung, 7. Auflage, Berlin - New York: de Gruyter, 1993.

➢ Auckenthaler, Anna, Supervision, in: Roland Asanger & Gerd Wenninger (Hrsg.), Handwörterbuch Psychologie, 4. Auflage, München - Weinheim: Psychologie-Verlags-Union, 1988, 763-767.

➢ Bandura, Albert, Sozial-kognitive Lerntheorie (Konzepte der Humanwissenschaften), Stuttgart: Klett-Cotta, 1979.

➢ Baßiere, Norbert, Pastorale Praxisberatung und Supervision, in: Isidor Baumgartner (Hrsg.), Handbuch der Pastoralpsychologie, Regensburg: Pustet, 1990, 195-213.

➢ Bastine, Reiner, Differentielle Psychotherapie in der Entwicklung - einige Bemerkungen zu dem Artikel von Klaus Grawe, in: Psychologische Rundschau 43 (1992) 171-173.

➢ Bastine, Reiner, Fiedler, Peter & Kommer, Detlev, Was ist therapeutisch an der Psychotherapie? Versuch einer Bestandsaufnahme und Systematisierung der Psychotherapeutischen Prozeßforschung, in: Zeitschrift für Klinische Psychologie 18 (1989) 3-22.

➢ Batson, Charles D. & Ventis, W. Larry, The Religious Experience. A Social-Psychological Perspective, New York - Oxford: Oxford University Press, 1982.

➢ Baumann, Urs u.a., Psychotherapieforschung: Unterschiedliche Perspektiven, in: Urs Baumann (Hrsg.), Psychotherapieforschung. Mikro-/ Makroperspektiven, Göttingen: Hogrefe, 1984, 3-28.

➢ Baumann, Urs & Perrez, Meinrad, Lehrbuch Klinische Psychologie, Bd. 1: Grundlagen, Diagnostik, Ätiologie, Bern - Stuttgart - Toronto: Huber, 1990.

➢ Baumgartner, Isidor, Pastoralpsychologie. Einführung in die Praxis heilender Seelsorge, Düsseldorf: Patmos, 1990.

➢ Beck, Aaron T., Rush, A. John, Shaw, Brian F. & Emery, Gary, Kognitive Therapie der Depression, 2. Auflage, München - Weinheim: Psychologie-Verlags-Union, 1986.

➢ Beile, Hartmut, Religiöse Emotionen und religiöses Urteil. Eine empirische Studie über Religiosität bei Jugendlichen (Zeitzeichen; Bd. 4), Ostfildern: Schwabenverlag, 1998.

➢ Beile, Hartmut, Religiosität bei Jugendlichen - eine empirische Untersuchung, in: Lebendige Seelsorge 49 (1998) 303-307.

➢ Benson, Peter L. & Spilka, Bernard P., God-Image as a Function of Self-Esteem and Locus of Control, in: Henry N. Malony (Hrsg.), Current Perspectives in the Psychology of Religion, Grand Rapids: Eerdmans, 1977, 209-224.

➢ Berkel, Karl, Organisationspsychologie der Gemeinde, in: Isidor Baumgartner (Hrsg.), Handbuch der Pastoralpsychologie, Regensburg: Pustet, 1990, 303-331.

➢ Bierhoff, Hans W., Attribution, in: Roland Asanger & Gerd Wenninger (Hrsg.), Handwörterbuch Psychologie, 4. Auflage, München - Weinheim: Psychologie-Verlags-Union, 1988, 60-66.

➢ Birbaumer, Niels & Schmidt, Robert F., Biologische Psychologie, Berlin - Heidelberg - New York: Springer, 1989.

➢ Bodson, Marcel, Die Glaubensdimension in der Pastoralen Supervision, in: Lebendige Seelsorge 45 (1994) 185-191.

➢ Bollnow, Otto F., Existenzphilosophie, 7. Auflage, Stuttgart: Kohlhammer, 1969.

➢ Boos-Nünning, Ursula, Dimensionen der Religiosität. Zur Operationalisierung und Messung religiöser Einstellungen, München: Kaiser, und Mainz: Grünewald, 1972.

➢ Böse, Reimund & Schiepek, Günter, Selbstorganisation, in: dies., Systemische Theorie und Therapie. Ein Handwörterbuch, Heidelberg: Asanger, 1989, 139-142.

➢ Breid, Franz, Daten und Impulse zur Landpastoral. Ergebnisse der Dekanatsuntersuchung Sarleinsbach, Linz - Wien: Veritas, 1982.

➢ Brunner, Heinz, Menschenbilder in Psychologie und Psychotherapie, in: Isidor Baumgartner (Hrsg.), Handbuch der Pastoralpsychologie, Regensburg: Pustet, 1990, 63-85.

➢ Buggle, Franz, Warum gibt es (fast) keine deutsche empirische Religionspsychologie? (Forschungsberichte des Psychologischen Instituts der Albert-Ludwigs-Universität Freiburg i.Br.; Bd. 73), Freiburg i.Br.: Psychologisches Institut der Universität, 1991.

➢ Buggle, Franz, Die Entwicklungspsychologie Jean Piagets, 3. Auflage, Stuttgart - Berlin - Köln: Kohlhammer, 1997.

➢ Carver, Charles S. & Scheier, Michael F., Perspectives on Personality, Boston - London - Sydney - Toronto: Allyn and Bacon, 1988.

➢ Ciompi, Luc, Affektlogik. Über die Struktur der Psyche und ihre Entwicklung. Ein Beitrag zur Schizophrenieforschung (Konzepte der Humanwissenschaften), Stuttgart: Klett-Cotta, 1982.

➢ Ciompi, Luc, Zur Integration von Fühlen und Denken im Licht der "Affektlogik". Die Psyche als Teil eines autopoietischen Systems, in: Karl P. Kisker u.a. (Hrsg.), Psychiatrie der Gegenwart, Bd. 1: Neurosen, Psychosomatische Erkrankungen, Psychotherapie, 3. Auflage, Berlin - Heidelberg - New York: Springer, 1986, 373-410.

➢ Ciompi, Luc, Außenwelt - Innenwelt. Die Entstehung von Zeit, Raum und psychischen Strukturen, Göttingen: Vandenhoeck & Ruprecht, 1988.

➢ Condrau, Gion, Einführung in die Psychotherapie. Geschichte, Schulen und Methoden, Regensburg: Pustet, 1974.

➢ Cranach, Mario von, Handlungsfreiheit und Determination als Prozeß und Erlebnis, in: Zeitschrift für Sozialpsychologie 22 (1991) 4-24.

➢ Crott, Helmut, Soziale Interaktion und Gruppenprozesse, Stuttgart - Berlin - Köln - Mainz: Kohlhammer, 1979.

➢ Davison, Gerald C. & Neale, John M., Klinische Psychologie. Ein Lehrbuch, 3. Auflage, München - Weinheim: Psychologie-Verlags-Union, 1988.

➢ Degen, Rolf, Stümpern an der Seele, in: Die Zeit Nr. 35 (21. August 1992) 38.

➢ Descartes, René, Discours de la Méthode. Von der Methode des richtigen Vernunftgebrauchs und der wissenschaftlichen Forschung. Übersetzt und herausgegeben von Lüder Gäbe, Hamburg: Meiner, 1960.

➢ DGVT (Hrsg.), Verhaltenstherapie. Theorien und Methoden (Forum; Bd. 11), Tübingen: DGVT, 1986.

➢ Diepgen, Raphael, Münchhausen-Statistik. Eine Randbemerkung zu einer Argumentationsfigur von Grawe, in: Psychologische Rundschau 44 (1993) 176-177.

➢ Dittes, James E., Religion, Prejudice, and Personality, in: Merton P. Strommen (Hrsg.), Research on Religious Development. A Comprehensive Handbook, New York: Hawthorn, 1971, 355-390.

➢ Dörr, Anette, Religiosität und Depression. Eine empirisch-psychologische Untersuchung, Weinheim: Deutscher Studien-Verlag, 1987.

➤ Duncker, Karl, Zur Psychologie des produktiven Denkens (1935), Erster Neudruck, Berlin - Göttingen - Heidelberg: Springer, 1963.

➤ Eibach, Ulrich, Der leidende Mensch vor Gott, Neukirchen-Vluyn: Neukirchener, 1991.

➤ Ellgring, Heiner, Sozialpsychologie: Ätiologie/Bedingungsanalyse, in: Urs Baumann & Meinrad Perrez (Hrsg.), Lehrbuch Klinische Psychologie, Bd. 1: Grundlagen, Diagnostik, Ätiologie, Bern - Stuttgart - Toronto: Huber, 1990, 308-324.

➤ Ernsperger, Bruno, Erfahrungen mit pastoraler Praxisberatung, in: Lebendige Seelsorge 35 (1984) 334-337.

➤ Eysenck, Hans J., Grawe and the effectiveness of psychotherapy: some comments, in: Psychologische Rundschau 44 (1993) 177-180.

➤ Eysenck, Hans J., The Effects of Psychotherapy: An Evaluation, in: Journal of Consulting Psychology 16 (1952) 319-324.

➤ Federn, Ernst (im Gespräch mit Wolfgang Weigand), Sozialarbeit - Supervision - Psychoanalyse, in: Supervision 18 (1990) 25-36.

➤ Fetz, Reto Luzius, Kreis des Verstehens oder Kreis der Wissenschaften? Anthropologie im Spannungsfeld von Philosophie und Wissenschaft, in: Freiburger Zeitschrift für Philosophie und Theologie 26 (1979) 163-201.

➤ Finke, Jobst, Empathie und Interaktion. Methodik und Praxis der Gesprächspsychotherapie, Stuttgart: Thieme, 1994.

➤ Fraas, Hans-Jürgen, Die Religiosität des Menschen. Ein Grundriß der Religionspsychologie, 2. Auflage, Göttingen: Vandenhoeck & Ruprecht, 1993.

➤ Freud, Sigmund, Vorlesungen zur Einführung in die Psychoanalyse und Neue Folge der Vorlesungen zur Einführung in die Psychoanalyse (Studienausgabe; Bd. 1), 12. Auflage, Frankfurt am Main: Fischer, 1994.

➤ Freud, Sigmund: Die Traumdeutung (1900) (Studienausgabe; Bd. 2), 9. Auflage, Frankfurt am Main: Fischer, 1994.

➤ Fromm, Erich, Anatomie der menschlichen Destruktivität, Reinbek bei Hamburg: Rowohlt, 1977.

➢ Gadamer, Hans-Georg, Wahrheit und Methode. Grundzüge einer philosophischen Hermeneutik (Gesammelte Werke; Bd. 1), 6. Auflage, Tübingen: Mohr, 1990.

➢ Gadamer, Hans-Georg, Wahrheit und Methode, Bd. 2: Ergänzungen, Register (Gesammelte Werke; Bd. 2), Tübingen: Mohr, 1986.

➢ Gallemore, Johnnie L.; Wilson, William P. & Rhoads, John M., The Religious Life of Patients with Affective Disorders, in: Diseases of the Nervous System 30 (1969) 483-487.

➢ Gardner, Howard, Dem Denken auf der Spur. Der Weg der Kognitionswissenschaft, Stuttgart: Klett-Cotta, 1992.

➢ Gatzweiler, Werner, Ein systemtheoretischer Ansatz zur Beschreibung der Gemeindewirklichkeit einer Kirchengemeinde als soziales System, unveröffentlichte Diplomarbeit zum Erwerb des caritaswissenschaftlichen Diploms, Freiburg i.Br. 1996.

➢ Glass, Gene V. u.a., The Benefits of Psychotherapy, Baltimore: The John Hopkins University Press, 1980.

➢ Gneist, Joachim, Religiöse Prägung und religiöses Verhalten der depressiven Primärpersönlichkeit, in: Confinia psychiatrica 12 (1969) 164-184.

➢ Göppner, Hans-Jürgen, Sprache, in: Jürgen Blattner, Balthasar Gareis & Alfred Plewa (Hrsg.), Handbuch der Psychologie für die Seelsorge, Bd. 1: Psychologische Grundlagen, Düsseldorf: Patmos, 1992, 197-211.

➢ Graumann, Carl F., Geschichtliche Entwicklung der Sozialpsychologie, in: Dieter Frey & Siegfried Greif (Hrsg.), Sozialpsychologie. Ein Handbuch in Schlüsselbegriffen, 2. Auflage, München - Weinheim: Psychologie-Verlags-Union, 1987, 32-39.

➢ Grawe, Klaus, Zurück zur psychotherapeutischen Einzelfallforschung, in: Zeitschrift für Klinische Psychologie 17 (1988) 1-7.

➢ Grawe, Klaus, Psychotherapieforschung zu Beginn der neunziger Jahre, in: Psychologische Rundschau 43 (1992) 132-162.

➤ Grawe, Klaus, Konfrontation, Abwehr und Verständigung: Notwendige Schritte im Erkenntnisprozeß der Psychotherapieforschung. Eine Erwiderung auf die Stellungnahmen von Hoffmann, Hellhammer und Bastine zu meiner Darstellung der "Psychotherapieforschung zu Beginn der neunziger Jahre", in: Psychologische Rundschau 43 (1992) 174-178.

➤ Grawe, Klaus, Über Voraussetzungen eines gemeinsamen Erkenntnisprozesses in der Psychotherapie. Eine Erwiderung auf Eysenck und Diepgen, in: Psychologische Rundschau 44 (1993) 181-186.

➤ Grawe, Klaus, Donati, Ruth & Bernauer, Friederike, Psychotherapie im Wandel. Von der Konfession zur Profession, 2. Auflage, Göttingen: Hogrefe, 1994.

➤ Grice, G. Robert, The relation of secondary reinforcement to delayed reward in visual discrimination learning, in: Journal of Experimental Psychology 38 (1948) 1-16.

➤ Grom, Bernhard, Religiosität - von der Psychologie verdrängt? Die deutsche Forschung sollte ihre religionspsychologische Abstinenz überwinden, in: Frankfurter Allgemeine Zeitung Nr. 220 (21.09.1992) 11.

➤ Haag, Gunther & Brengelmann, Johannes C. (Hrsg.), Alte Menschen. Ansätze psychosozialer Hilfen (IFT-Texte; Bd. 23), München: Röttger, 1991.

➤ Häcker, Hartmut, Persönlichkeit, in: Roland Asanger & Gerd Wenninger (Hrsg.), Handwörterbuch Psychologie, 4. Auflage, München - Weinheim: Psychologie-Verlags-Union, 1988, 530-535.

➤ Halisch, Frank, Beobachtungslernen und die Wirkung von Vorbildern, in: Hans Spada (Hrsg.), Lehrbuch Allgemeine Psychologie, Bern - Stuttgart - Toronto: Huber, 1990, 373-402.

➤ Hark, Helmut, Neurose und Religion. Zur Korrelation zwischen Glaubensleben und seelischem Erleben, in: Archiv für Religionspsychologie 17 (1985) 21-73.

➤ Hautzinger, Martin, Stark, Wolfgang & Treiber, Renate, Kognitive Verhaltenstherapie bei Depressionen. Behandlungsanleitungen und Materialien, München - Weinheim: Psychologie-Verlags-Union, 1989.

➤ Hautzinger, Martin & Jong-Meyer, Renate de, Depressionen, in: Hans Reinecker (Hrsg.), Lehrbuch der Klinischen Psychologie. Modelle psychischer Störungen, Göttingen: Hogrefe, 1990, 126-165.

➤ Heckhausen, Heinz, Motivation und Handeln, 2. Auflage, Berlin - Heidelberg - New York: Springer, 1989.

➤ Heidegger, Martin, Sein und Zeit (1927), 16. Auflage, Tübingen: Niemeyer, 1986.

➤ Heinz, Walter R., Sozialpsychologie, in: Roland Asanger & Gerd Wenninger (Hrsg.), Handwörterbuch Psychologie, 4. Auflage, München - Weinheim: Psychologie-Verlags-Union, 1988, 708-713.

➤ Hellhammer, Dirk, Wie wissenschaftlich ist die Psychotherapieforschung?, in: Psychologische Rundschau 43 (1992) 168-170.

➤ Herzog, Walter, Diskrepanzen und Modelle: Auf der Suche nach dem Gegenstand der Psychologie, in: Zeitschrift für Klinische Psychologie, Psychopathologie und Psychotherapie 32 (1984) 21-42.

➤ Herzog, Walter, Wissenschaft und Wissenschaftstheorie. Versuch einer Neubestimmung ihres Verhältnisses am Beispiel der Pädagogik, in: Zeitschrift für allgemeine Wissenschaftstheorie 18 (1987) 134-164.

➤ Herzog, Walter, Das moralische Subjekt. Pädagogische Intuition und psychologische Theorie, Bern - Göttingen - Toronto: Huber, 1991.

➤ Herzog, Walter, Pädagogik und Psychologie. Nachdenken über ein schwieriges Verhältnis, in: Zeitschrift für Pädagogik 40 (1994) 425-445.

➤ Herzog, Walter, Wissensformen und didaktische Theorie, Teil 2 (Vorlesung an der Universität Bern im Sommersemester 1995), Bern: Studentische Buchgenossenschaft, 1995.

➤ Hoffmann, Sven O., Psychoanalyse und davon abgeleitete Verfahren, in: Hans W. Linster, Helmut Wetzel u.a. (Hrsg.), Veränderung und Entwicklung der Person, Hamburg: Hoffmann & Campe, 1980, 43-88.

➤ Hoffmann, Sven O., Bewunderung, etwas Scham und verbliebene Zweifel. Anmerkungen zu Klaus Grawes "Psychotherapieforschung zu Beginn der neunziger Jahre", in: Psychologische Rundschau 43 (1992) 163-167.

➤ Hole, Günter, Der Glaube bei Depressiven, Stuttgart: Enke, 1977.

➤ Holzhey-Kunz, Alice, Leiden am Dasein. Die Daseinsanalyse und die Aufgabe einer Hermeneutik psychopathologischer Phänomene, Wien: Passagen, 1994.

➢ James, William, Die Vielfalt religiöser Erfahrung. Eine Studie über die menschliche Natur (1902), Frankfurt am Main: Insel, 1997.

➢ Kadushin, Alfred, Supervision in der Sozialarbeit, in: Supervision 18 (1990) 4-24.

➢ Karrer, Leo, Zum Christ-Sein ermutigen. Welche Dienste bzw. Ämter braucht das Volk Gottes heute?, in: Walter Krieger & Alois Schwarz (Hrsg.), Amt und Dienst - Umbruch als Chance, Würzburg: Echter, 1996, 92-117.

➢ Kast, Verena, Imagination als Raum der Freiheit. Dialog zwischen Ich und Unbewußtem, München: Deutscher Taschenbuch-Verlag, 1995.

➢ Kierkegaard, Sören, Entweder / Oder. Ein Lebensfragment (1843), Zweiter Teil, Jena: Eugen Diederichs, 1913.

➢ Kießling, Klaus, Rezension zu Ulrich Eibach, Der leidende Mensch vor Gott, in: Journal of Empirical Theology 6 (1993) 97-98.

➢ Kießling, Klaus, Empathie, in: Walter Kasper u.a. (Hrsg.), Lexikon für Theologie und Kirche, Bd. 3, 3. Auflage, Freiburg i.Br. - Basel - Rom - Wien: Herder, 1995, 629-630.

➢ Kießling, Klaus, Gerontopsychologie, in: Walter Kasper u.a. (Hrsg.), Lexikon für Theologie und Kirche, Bd. 4, 3. Auflage, Freiburg i.Br. - Basel - Rom - Wien: Herder, 1995, 536.

➢ Kießling, Klaus, Gesprächspsychotherapie, in: Walter Kasper u.a. (Hrsg.), Lexikon für Theologie und Kirche, Bd. 4, 3. Auflage, Freiburg i.Br. - Basel - Rom - Wien: Herder, 1995, 599-600.

➢ Kießling, Klaus, Humanistische Psychologie, in: Walter Kasper u.a. (Hrsg.), Lexikon für Theologie und Kirche, Bd. 5, 3. Auflage, Freiburg i.Br. - Basel - Rom - Wien: Herder, 1996, 327-328.

➢ Kießling, Klaus, Normalität und (psychische) Abweichung - Krise traditioneller Modelle und Wege zu ihrer Bewältigung, in: Systeme 10 (1996) 4-30.

➢ Kießling, Klaus, "Wir suchen von dem Gespräch aus, das wir sind, dem Dunkel der Sprache nahezukommen". Philosophie des Gesprächs und der Sprache als Zugang zu personzentrierter Psychotherapie und Seelsorge, in: Wege zum Menschen 49 (1997) 319-339.

➢ Kießling, Klaus, Psychotherapie - ein chaotischer Prozeß? Unterwegs zu einer postcartesianischen Psychologie, Stuttgart: Radius, 1998.

➢ Kießling, Klaus, Seelsorge bei Seelenfinsternis. Depressive Anfechtung als Provokation diakonischer Mystagogie, Freiburg i.Br.: Herder, 2002.

➢ Klee, Paul, Leben und Werk. Herausgegeben von der Paul-Klee-Stiftung, Kunstmuseum Bern und dem Museum of Modern Art, New York, Stuttgart: Hatje, und Teufen, Niggli, 1987.

➢ Klee, Paul, Wachstum regt sich. Klees Zwiesprache mit der Natur. Herausgegeben von Ernst-Gerhard Güse, 2. Auflage, München: Prestel, 1990.

➢ Kühn-Mengel, Helga, Neues zur Gesundheits- und Sozialpolitik, in: Gesprächspsychotherapie und Personzentrierte Beratung 29 (1998) 147-148.

➢ Kuiper, Piet C., Seelenfinsternis. Die Depression eines Psychiaters, Frankfurt am Main: Fischer, 1995.

➢ Lambert, Michael J., Shapiro, David A. & Bergin, Allen E., The Effectiveness of Psychotherapy, in: Sol L. Garfield & Allen E. Bergin (Hrsg.), Handbook of psychotherapy and behavior change, New York: John Wiley & Sons, 1986, 157-211.

➢ Lehr, Ursula, Psychologie des Alterns, 6. Auflage, Heidelberg: Quelle & Meyer, 1987.

➢ Leuner, Hansjörg, Lehrbuch des Katathymen Bilderlebens, Bern: Huber, 1985.

➢ Lindner, Herbert, Kirche am Ort. Eine Gemeindetheorie (Praktische Theologie heute; Bd. 16), Stuttgart - Berlin - Köln: Kohlhammer, 1994.

➢ Lindsay, Peter H. & Norman, Donald A., Einführung in die Psychologie. Informationsaufnahme und -verarbeitung beim Menschen, Berlin - Heidelberg - New York: Springer, 1981.

➢ Linster, Hans W., Gesprächspsychotherapie, in: ders., Helmut Wetzel u.a., Veränderung und Entwicklung der Person, Hamburg: Hoffmann & Campe, 1980, 170-229.

➢ Lüer, Gerd & Spada, Hans, Denken und Problemlösen, in: Hans Spada (Hrsg.), Lehrbuch Allgemeine Psychologie, Bern - Stuttgart - Toronto: Huber, 1990, 189-280.

➢ Lummer, Franz, Gemeindeberatung, in: Isidor Baumgartner (Hrsg.), Handbuch der Pastoralpsychologie, Regensburg: Pustet, 333-347.

➢ Mayring, Philipp, Einführung in die qualitative Sozialforschung. Eine Anleitung zum qualitativen Denken, München: Psychologie-Verlags-Union, 1990.

➢ Metzger, Wolfgang, Gestalt-Psychologie. Ausgewählte Werke aus den Jahren 1950 bis 1982. Herausgegeben und eingeleitet von Michael Stadler und Heinrich Crabus, Frankfurt am Main: Kramer, 1986.

➢ Meyer, Adolf-Ernst, Richter, Rainer, Grawe, Klaus, Schulenburg, J.-Matthias Graf v. d. & Schulte, Bernd, Forschungsgutachten zu Fragen eines Psychotherapeutengesetzes. Im Auftrag des Bundesministeriums für Jugend, Familie, Frauen und Gesundheit, Hamburg-Eppendorf: Universitäts-Krankenhaus, 1991.

➢ Meyer, Wulf-Uwe & Schmalt, Heinz-Dieter, Die Attributionstheorie, in: Dieter Frey & Martin Irle (Hrsg.), Theorien der Sozialpsychologie, Bd. 1: Kognitive Theorien, 2. Auflage, Bern - Stuttgart - Toronto: Huber, 1984, 98-136.

➢ Muck, Otto, Kontingenz, Kontingenzerfahrung, in: Walter Kasper u.a. (Hrsg.), Lexikon für Theologie und Kirche, Bd. 6, 3. Auflage, Freiburg i.Br. - Basel - Rom - Wien: Herder, 1997, 329-330.

➢ Müller, Philippe, Psychologie ohne Seele, in: Wilhelm Arnold, Hans J. Eysenck & Richard Meili (Hrsg.), Lexikon der Psychologie, Bd. 3, 2. Auflage, Freiburg i.Br. - Basel - Wien: Herder, 1987, 1759-1760.

➢ Murray, Henry A., Thematic Apperception Test, Cambridge (Massachusetts): Harvard University Press, 1943.

➢ Oser, Fritz & Gmünder, Paul, Der Mensch - Stufen seiner religiösen Entwicklung. Ein strukturgenetischer Ansatz, 4. Auflage, Gütersloh: Mohn, 1996.

➢ Philipp, Thomas, Die theologische Bedeutung der Psychotherapie. Eine systematisch-theologische Studie auf der Grundlage der Anthropologie Alexander Mitscherlichs (Freiburger theologische Studien; Bd. 159), Freiburg i.Br. - Basel - Wien: Herder, 1997.

➢ Philipp, Thomas, Die theologische Bedeutung der Psychotherapie, in: Lebendige Seelsorge 49 (1998) 299-302.

➤ Piaget, Jean, Biologie und Erkenntnis. Über die Beziehungen zwischen organischen Regulationen und kognitiven Prozessen (1967), Frankfurt am Main: Fischer, 1992.

➤ Platt, John, Social traps, in: American Psychologist 28 (1973) 641-651.

➤ Pompey, Heinrich, Theologisch-psychologische Grundbedingungen der seelsorglichen Beratung, in: Eckhard Lade (Hrsg.), Christliches ABC heute und morgen. Handbuch für Lebensfragen und Kirchliche Erwachsenenbildung, Bad Homburg: DIE Verlag H. Schäfer, 1986, 179-209.

➤ Pompey, Heinrich, Caritatives Engagement - Lernort des Glaubens und der Gemeinschaft (Studien zur Theologie und Praxis der Caritas und Sozialen Pastoral; Bd. 1), Würzburg: Echter, 1994.

➤ Pongratz, Ludwig J., Problemgeschichte der Psychologie, 2. Auflage, München: Francke, 1984.

➤ Pongratz, Ludwig J., Wilhelm Wundt, in: Wilhelm Arnold, Hans J. Eysenck & Richard Meili (Hrsg.), Lexikon der Psychologie, Bd. 3, 2. Auflage, Freiburg i.Br. - Basel - Wien: Herder, 1987, 2567-2568.

➤ Quitmann, Helmut, Humanistische Psychologie. Zentrale Konzepte und philosophischer Hintergrund, Göttingen - Toronto - Zürich: Hogrefe, 1985.

➤ Rahner, Karl, Über die Einheit von Nächsten- und Gottesliebe, in: ders., Schriften zur Theologie, Bd. VI, Einsiedeln: Benziger, 1965, 277-298.

➤ Rahner, Karl, Frömmigkeit früher und heute, in: ders., Schriften zur Theologie, Bd. VII, Einsiedeln: Benziger, 1966, 11-31.

➤ Rahner, Karl, Das neue Bild der Kirche, in: ders., Schriften zur Theologie, Bd. VIII, Einsiedeln: Benziger, 1967, 329-354.

➤ Rahner, Karl, Die theologische Dimension der Frage nach dem Menschen, in: ders., Schriften zur Theologie, Bd. XII, Einsiedeln: Benziger, 1975, 387-406.

➤ Rahner, Karl, Zur Theologie des Bildes, in: Rainer Beck, Rainer Volp & Gisela Schmirber (Hrsg.), Die Kunst und die Kirchen. Der Streit um die Bilder heute, München: Bruckmann, 1984.

➤ Rahner, Karl & Vorgrimler, Herbert, Kleines Konzilskompendium, 18. Auflage, Freiburg i.Br.: Herder, 1985.

➤ Rebell, Walter, Psychologisches Grundwissen für Theologen. Ein Handbuch, 2. Auflage, München: Kaiser, 1992.

➤ Reichert, Gebhard, Kommt die "Gemeinde" als pastorale Leitidee an Grenzen? Eine Anfrage, in: Lebendige Seelsorge 46 (1995) 209-213.

➤ Revers, Wilhelm J. u.a., Der Thematische Apperzeptionstest (TAT). Handbuch zur Verwendung des TAT in der psychologischen Persönlichkeitsdiagnostik, 2. Auflage, Bern - Stuttgart: Huber, 1968.

➤ Rogers, Carl R., On Becoming a Person, Boston: Mifflin, 1961.

➤ Rogers, Carl R., Therapeut und Klient. Grundlagen der Gesprächspsychotherapie, Frankfurt am Main: Fischer, 1990.

➤ Rogge, Klaus E. (Hrsg.), Steckbrief der Psychologie, 4. Auflage, Heidelberg: Quelle und Meyer, 1983.

➤ Ross, Alan O., Personality. The Scientific Study of Complex Human Behavior, New York: Holt, Rinehart & Winston, 1987.

➤ Sachse, Rainer, Das Konzept des empathischen Verstehens in sprachpsychologischer Sicht: Klärung und Erweiterung des Verstehensbegriffs in der Gesprächspsychotherapie, in: Gesellschaft für wissenschaftliche Gesprächspsychotherapie (Hrsg.), Orientierung an der Person, Bd. 2: Jenseits von Psychotherapie, Köln: GwG, 1988, 162-173.

➤ Saint-Exupéry, Antoine de, Der Kleine Prinz, in: ders., Gesammelte Schriften, Bd. 1, Düsseldorf: Rauch, 1959.

➤ Schiepek, Günter & Tschacher, Wolfgang, Application of Synergetics to Clinical Psychology, in: Wolfgang Tschacher, Günter Schiepek & Ewald J. Brunner (Hrsg.), Self-Organization and Clinical Psychology. Empirical Approaches to Synergetics in Psychology (Springer Series in Synergetics; Bd. 58), Berlin - Heidelberg - New York: Springer, 1992, 3-31.

➤ Schmid, Gilbert, Pastoralpsychologie, in: Walter Kasper u.a. (Hrsg.), Lexikon für Theologie und Kirche, Bd. 7, 3. Auflage, Freiburg i.Br. - Basel - Rom - Wien: Herder, 1998, 1441-1443.

➢ Schrage, Wolfgang, Heil und Heilung im Neuen Testament, in: Gerhard K. Schäfer & Theodor Strohm (Hrsg.), Diakonie - biblische Grundlagen und Orientierungen. Ein Arbeitsbuch zur theologischen Verständigung über den diakonischen Auftrag (Veröffentlichungen des Diakoniewissenschaftlichen Instituts an der Universität Heidelberg; Bd. 2), 2. Auflage, Heidelberg: Heidelberger Verlags-Anstalt, 1994, 327-344.

➢ Schrödter, Wolfgang, Verstehen, Selbstaktualisierung und Selbstorganisation - Schlüsselkonzepte für Beratung und Supervision?, in: Ursula E. Straumann & Wolfgang Schrödter (Hrsg.), Verstehen und Gestalten. Beratung und Supervision im Gespräch, Köln: GwG, 1998, 63-98.

➢ Schulte, Walter, Das Glaubensleben in der melancholischen Phase, in: Der Nervenarzt 25 (1954) 401-407.

➢ Schurr, Seelsorge (I), in: Michael Buchberger (Hrsg.), Lexikon für Theologie und Kirche, Bd. 9, 2. Auflage, Freiburg i.Br.: Herder, 1964, 579-583.

➢ Schwarzwälder, Hedwig, Sozialarbeit und Supervision - Versuch der Darstellung einer Entwicklung, in: Supervision 18 (1990) 58-65.

➢ Scobel, Walter, Was ist Supervision?, 3. Auflage, Göttingen: Vandenhoeck & Ruprecht, 1991.

➢ Seckler, Max & Berchtold, Christoph, Glaube, in: Peter Eicher (Hrsg.), Neues Handbuch theologischer Grundbegriffe, Bd. 2, München: Kösel, 1984, 91-109.

➢ Seelsorgereferat der Diözese Rottenburg-Stuttgart (Hrsg.), Pastorale Perspektiven (Materialdienst; Bd. 34), Rottenburg 1992.

➢ Seitz, Willi, Kontingenz, in: Wilhelm Arnold, Hans J. Eysenck & Richard Meili (Hrsg.), Lexikon der Psychologie, Bd. 2, 2. Auflage, Freiburg i.Br. - Basel - Wien: Herder, 1987, 1134.

➢ Sekretariat der Deutschen Bischofskonferenz (Hrsg.), Rahmenordnung für die Priesterbildung (Hirtenschreiben der Deutschen Bischöfe; Bd. 15), Bonn 1978.

➢ Sekretariat der Deutschen Bischofskonferenz (Hrsg.), Liturgie und Bild. Eine Orientierungshilfe. Handreichung der Liturgiekommission der Deutschen Bischofskonferenz (Arbeitshilfen; Bd. 132), Bonn 1996.

➢ Shaver, Phillip, Lenauer, Michael & Sadd, Susan, Religiousness, Conversion, and Subjective Well-Being: The "Healthy-Minded" Religion of Modern American Women, in: American Journal of Psychiatry 137 (1980) 1563-1568.

➢ Six, Bernd, Attribution, in: Dieter Frey & Siegfried Greif (Hrsg.), Sozialpsychologie. Ein Handbuch in Schlüsselbegriffen, 2. Auflage, München - Weinheim: Psychologie-Verlags-Union, 1987, 122-135.

➢ Spada, Hans, Ernst, Andreas M. & Ketterer, Werner, Klassische und operante Konditionierung, in: Hans Spada (Hrsg.), Lehrbuch Allgemeine Psychologie, Bern - Stuttgart - Toronto: Huber, 1990, 323-372.

➢ Speierer, Gert-Walter, Einheitliche oder krankheitsspezifische Inkongruenzformen in der klientenzentrierten Gesprächspsychotherapie?, in: GwG-Zeitschrift 23 (1992) 22-26.

➢ Steinhilper, Rolf, Depression. Herausforderung an die Seelsorge, Stuttgart: Calwer, 1990.

➢ Stelzenberger, Johannes, Anton Joseph Roßhirt. Eine Studie zur Moraltheologie der Aufklärungszeit, Breslau: Müller & Seiffert, 1937.

➢ Stevens, John O., Die Kunst der Wahrnehmung. Übungen der Gestalttherapie, 13. Auflage, Gütersloh: Kaiser, 1993.

➢ Swildens, Hans, Prozeßorientierte Gesprächspsychotherapie. Einführung in eine differenzielle Anwendung des klientenzentrierten Ansatzes bei der Behandlung psychischer Erkrankungen, Köln: GwG, 1991.

➢ Theißen, Gerd, Die Bibel diakonisch lesen: Die Legitimitätskrise des Helfens und der barmherzige Samariter, in: Gerhard K. Schäfer & Theodor Strohm (Hrsg.), Diakonie - biblische Grundlagen und Orientierungen. Ein Arbeitsbuch zur theologischen Verständigung über den diakonischen Auftrag (Veröffentlichungen des Diakoniewissenschaftlichen Instituts an der Universität Heidelberg; Bd. 2), 2. Auflage, Heidelberg: Heidelberger Verlags-Anstalt, 1994, 376-401.

➢ Thomas, Günther J. & Schmitz, Bernhard, Zur Effektivität ambulanter Psychotherapien, in: Report Psychologie 18 (1993) Heft 5-6, 22-25.

➢ Thomas-Morus-Akademie (Hrsg.), Supervision im pastoralen Feld. Akzentsetzungen angesichts der Krise in der Pastoral (Bensberger Protokolle; Bd. 82), Bergisch Gladbach: Thomas-Morus-Akademie, 1994.

➤ Tscheulin, Dieter, Wirkfaktoren psychotherapeutischer Intervention, Göttingen - Toronto - Zürich: Hogrefe, 1992.

➤ Upmeyer, Arnold, Soziale Urteilsbildung, Stuttgart - Berlin - Köln - Mainz: Kohlhammer, 1985.

➤ Uslar, Detlev von, Stimmung und Emotion. Trauer und Freude, Angst und Heiterkeit, in: Daseinsanalyse 6 (1989) 20-28.

➤ Utsch, Michael, Religionspsychologie. Voraussetzungen, Grundlagen, Forschungsüberblick, Stuttgart - Berlin - Köln: Kohlhammer1998, 96-104.

➤ Wallerstein, Robert S., The Psychotherapy Research Project of the Menninger Foundation: An Overview, in: Journal of Consulting and Clinical Psychology 57 (1989) 195-205.

➤ Watzlawick, Paul, Beavin, Janet H. & Jackson, Don D., Menschliche Kommunikation. Formen, Störungen, Paradoxien, 8. Auflage, Bern - Stuttgart - Toronto: Huber, 1990.

➤ Wehner, Ernst, Geschichte der Psychologie, Teil II, in: Wilhelm Arnold, Hans J. Eysenck & Richard Meili (Hrsg.), Lexikon der Psychologie, Bd. 1, 2. Auflage, Freiburg i.Br. - Basel - Wien: Herder, 1987, 749-751.

➤ Weigand, Wolfgang, Zur Rezeptionsgeschichte der Supervision in Deutschland, in: Supervision 18 (1990) 43-57.

➤ Wesley Frank, Geschichte der Psychologie, Teil I, in: Wilhelm Arnold, Hans J. Eysenck & Richard Meili (Hrsg.), Lexikon der Psychologie, Bd. 1, 2. Auflage, Freiburg i.Br. - Basel - Wien: Herder, 1987, 734-749.

➤ Wetzel, Helmut & Linster, Hans W., Psychotherapie, in: Roland Asanger & Gerd Wenninger (Hrsg.), Handwörterbuch Psychologie, 4. Auflage, München - Weinheim: Psychologie-Verlags-Union, 1988, 627-639.

➤ Wieringa, Cornelis F., Entwicklungsphasen der Supervision (1860-1950), in: Supervision 18 (1990) 37-42.

➤ Windisch, Hubert, Sprechen heißt lieben: eine praktisch-theologische Theorie des seelsorglichen Gesprächs (Studien zur Theologie und Praxis der Seelsorge; Bd. 1), Würzburg: Echter, 1989.

➤ Wolf, Christa, Kassandra. Erzählung, 5. Auflage, Berlin: Luchterhand, 1987.

➤ Zerssen, Detlev von, Paranoid-Depressivitätsskala, Depressivitätsskala (PSYCHIS München), Weinheim: Beltz, 1976.

➤ Zulehner, Paul M., Pastoraltheologie, Bd. 2: Gemeindepastoral, Düsseldorf: Patmos, 1989.

➤ Zurhorst, Günter, Wissenschaft und Subjektivität - für eine kritische, phänomenologisch-existentialistische Fundierung der GT, in: Gesellschaft für wissenschaftliche Gesprächspsychotherapie (Hrsg.), Orientierung an der Person, Bd. 2, Köln: GwG, 1988, 182-186.

Praktische Theologie im Dialog

Herausgegeben von Leo Karrer

10. Ulrich Bätz: *Die Professionalisierungsfalle.* Paradoxe Folgen der Steigerung glaubensreligiösen Engagements durch professionelles Handeln – dargestellt am Beispiel der Verwirklichung pfarrgemeindlicher «Verlebendigungsprogrammatiken» durch hauptamtliche Laientheologen. XXII–320 Seiten. 1994

11. Stefan Knobloch: *Was ist Praktische Theologie?* 270 Seiten. 1995

12. Zeno Cavigelli-Enderlin: *Glaubwürdigkeit der Kirche.* Und was ihre Struktur, ihre Kultur und ihre Strategien dazu beitragen können. 250 Seiten. 1996

13. Hermann Deisenberger: *Schuld und Gewissen bei Dissozialen.* 324 Seiten. 1996

14. Armin Krauer: *Liebeserfahrung und Ehesakrament im Dialog.* Eheliche Lebensverwirklichung sakramental gedeutet. 200 Seiten. 1997

15. Barbara Haab: *Weg und Wandlung.* Zur Spiritualität heutiger Jakobspilger und -pilgerinnen. 276 Seiten, 1 Faltkarte. 1998

16. Jörg Gerber: *Ungleichheiten im Volk Gottes.* Die Besetzung des ordinierten Amtes als Phänomen «sozialer Schliessung». 360 Seiten. 1998

17. Ulrike Wolitz: *Der neue Mensch.* Theologische Grundlinien im Werk Silja Walters. 252 Seiten. 1998

18. Markus Büker: *Befreiende Inkulturation – Paradigma christlicher Praxis.* Die Konzeptionen von Paulo Suess und Diego Irarrázaval im Kontext indigener Aufbrüche in Lateinamerika. 440 Seiten. 1999

19. Michael Krüggeler: *Individualisierung und Freiheit.* Eine praktisch-theologische Studie zur Religion in der Schweiz. 276 Seiten. 1999

20. Manfred Bruhn/Albrecht Grözinger: *Kirche und Marktorientierung.* Impulse aus der Ökumenischen Basler Kirchenstudie. 256 Seiten. 2000

21. Franco Luzzatto: *Öffentlichkeitsdefizit der katholischen Kirche.* Organisationskommunikation und Kommunikationsstruktur der katholischen Kirche Schweiz – Bedingungen für ein Ende der Stagnationskrise. 412 Seiten. 2002

22. Hans Küng (Hrsg.): *Für Freiheit in der Kirche.* Herbert-Haag-Preis 2001. 72 Seiten. 2002

23. Thomas Pfammatter: *Geschiedene und nach Scheidung wiederverheiratete Menschen in der katholischen Kirche.* Kriteriologische Fundamente integrierender Praxis. XIV–522 Seiten. 2002

UNIVERSITÄTSVERLAG FREIBURG SCHWEIZ